我照亮世界

42位發光人物

蔣馨／著

你是小太陽，照亮自私，萬物都在愛中。

甜蜜的夢園是偉大人物的童年。

鳥鳴山更幽，你的出生是對世界的祝福。

啊少女，你如荷花飄香，展現生命的榮美。

我是光明王子，穿越黑暗，抵達爭光的天命。

感恩今天璀璨活著，讚美自己，讚美工作。

我愛寫發光人物，常在光裡看見更好的自己。

我照亮世界

蔣榮宗

美國紐約州立大學石溪分校
應用數學與統計學博士

讀書最美，一卷在握，樂趣無窮，更能夠從字裡行間感受到生命的喜悅。

蔣馨是一位教育工作者，也是一位畫家。她撰寫這本書是心中長久以來的願望，今天付諸實現，值得慶賀。這本書生動刻畫四十二位名人成功的故事，相當勵志，充滿了光明的正能量。

在人生的舞台當中，難免遇到一些挫折，如何提升自己的勇氣與信心呢？最好的方法，就是經由成功人士的奮鬥過程當中，吸收寶貴的經驗，讓生活的道路更順暢、更有意義。

衆所皆知台灣的護國神山——台積電，這是舉世聞名的企業，我們都知道創辦人是張忠謀先生，但張忠謀創辦的過程如何？很少人能夠知道整個背景流程，包括帶動台灣產業的升級，如何奠定半導體的世界級地位；當然還有一些不爲人知道的辛酸故事，開卷有益，從本書之間可以

一窺端倪，受益無窮。

另外最驚喜的是本書還撰寫鄧小平三進三出中南海的故事，這是打破兩岸的禁忌，發光人物無關乎政治，誠爲人民的楷模與表率。鄧小平的改革開放改寫了整個中國的現代史，短短的40年間創造中國成爲全世界第二強盛的國家，媲美漢唐盛世，蔣馨如椽之筆詮釋鄧小平顛沛流離的政治生涯，令人佩服。

最後，獻上最大的祝福，開卷有益，每天閱讀一篇發光人物的故事，光照心靈，信心滿滿，腳步更輕盈踏實，大步邁向前，踏上了成功的康莊大道。

有夢最美，希望相隨！
心存感恩，有志竟成！

一本傳家的好書

蔣秉芳

彰化藝術高中校長
彰化師範大學教育研究所博士

我與蔣馨結緣於蔣府三合院，這一個溫馨的大家族，位於彰化縣鹿港鎮旁的海線偏鄉——福興鄉，我們的父親是親兄弟，從小蔣馨就是我們家族的典範，卓越優秀溫婉可親，小她四歲的我，一直非常的崇拜她。

印象中她愛書如命，廳堂前的桌椅上，堆疊了她的愛書，她靜靜的一本一本的閱讀，浸潤在書香中的優雅畫面，深深的影響我一輩子。

她在求學期間榮獲很多的寫作獎項，投入教育界後更是將自己的閱讀世界毫無保留的傳授給學生們，當她的孩子與學生是最幸福的，尤其是她的兩位小孩一安安和亮亮，在她的第一本書《孩子，你的未來能飛翔》，這一本書除了寫給自己的兒女，更是不藏私的寫給天下兒女，蔣馨就是一位擁有正能量與大愛的人。

如今她的第二本大作《我照亮世界——42位發光人物》即將問世，忝為姊妹有此榮幸寫序為引，她的每一篇文章都是嘔心瀝血之作，一遍又一遍的拜讀，感動之餘，推薦給全國的讀者們，這是一本值得珍藏傳家的好書。

42位發光的人物古今中外皆有，每一位人物都有其特色與生命的榮光，難能可貴的是蔣馨會用自己的生命和書中的人物做超連結，有的是引詩爲起頭，有的是在文末結語讚嘆，非常有畫龍點睛之妙，更可以看出作者的用心與巧思，非常殊勝！

尤其喜歡這一篇「彰化基督醫院的創辦人——蘭大衛」，誠如文中提到：「愛是人間的最清澈一條河，穿越種族，穿越環境，穿越時代，生生不息。」以蔣馨的父親住院短短的5天爲開始，卻深刻的細訴著蘭大衛先生不平凡的一生，文中有作者對父親一輩子深深的愛，更讓我們感受到蘭大衛先生對彰化子民的大愛，「愛如陽光，照亮世世代代兒女，溫暖受苦的心，生命雖逝去，愛人的精神永遠長存。」讀到最後一句話時，已是滾燙的淚珠默默地流淌著雙頰！

文中每一位發光人物都有其奮鬥史，透過蔣馨的匠心獨具，將當時的時空背景與故事，一一勾勒，人物鮮明充滿生命力的流入每一個人的心扉。感恩蔣馨的好文筆，對每一位發光人物，深入淺出的用心詮釋，裁剪爲文，恰如其分，令人品味再三不忍釋手。

好書與好朋友文享，誠摯的推薦給大家！誠如文中所述「劉安婷看著窗外遠方思考未來，選擇回家，回台灣創辦『爲台灣而教』！」我想：蔣馨的這一本書能量滿滿，充滿人類的愛，此乃爲台灣而寫，爲世界而書！

人人是發光體，可以照亮世界

蔣馨

成功是可以學習成功；生命是可以帶領生命。美國思想家愛默生說：「心中總要一顆指引的星。」當你閱讀很多偉人傳記故事後，一股見賢思齊的心油然而生，一位發光人物如黑暗中的星辰，指引你向無限可能創造的未來。

當李遠哲在高中讀了居禮夫人傳記，立志向居禮夫人看齊，後來考上台大化學系，畢業後到美國攻讀化學博士，追隨大師做研究，最後真的如心中榜樣居禮夫人，拿到諾貝爾化學獎；同樣例子二十世紀偉大華裔女性科學家吳健雄，從她知道居禮夫人故事時，告訴自己：向居禮夫人學習，女性一樣可以成為很優秀卓越的科學家；可見一個發光人物影響力無遠弗屆。

前美國總統夫人蜜雪兒．歐巴馬說得好：「我們身上有光，照亮不確定的時刻。」每個人身上都有光，照亮未知的恐懼，有足夠的非凡能力締造生命的奇蹟。中國古人說的「將相凡人做」，原來每個人蘊藏著無比光能，只要有偉大目標，不斷努力向前，小人物終成時代的英雄。

在十七八歲青春時代，閱讀很多悲觀文學作品，常常背誦很多鬱鬱不得志的詩詞，那時的我以爲人生充滿悲苦與冷清；人何必奮鬥，到頭來還不是死；腦袋瀰漫著消極的思維，看世界是一片霧濛濛，整個人恰似一個沒有發光的灰姑娘。

直到我閱讀成功學家拿破崙・希爾主張「思考致富」；牧師作家皮爾博士倡導「看人生的光明面」；心靈學家佛羅倫絲・辛深信「每人都應該要建造一個幸福城堡」後；漸漸我的眼界變寬了，內在高貴靈魂甦醒過來，充沛的向上正能量，掃蕩青春時代的厚厚陰霾。原來開卷不一定是有益，端看你閱讀的書是否有益。

英國偉大的科學家牛頓說：「如果我看得遠，是因爲我站在巨人肩膀上。」當我們閱讀發光人物就是站在巨人肩膀方式，成功的他們讓自己的生命有意義地發光，同樣的你也是發光體，學習他們生命贏家的精神，物以類聚，在未來，你的生命將閃亮發光。祝福愛閱讀發光人物的你：有一天，成爲家族之光，國家之光，世上之光。

目 錄CONTENTS

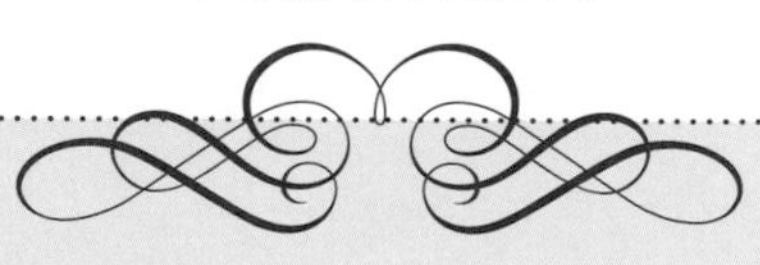

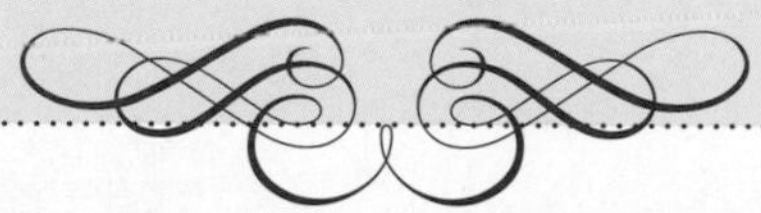

目錄CONTENTS

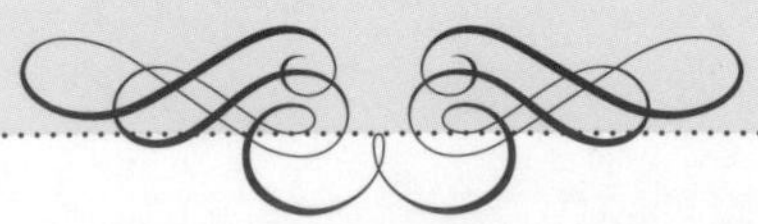

一位胸懷愛的政治家——李國鼎

沒有李國鼎就沒有台積電。

——張忠謀

李國鼎先生一心希望國家進步，他常問：「人家能，我們為什麼不能？」他一生充滿對國家的愛與對同胞的愛。李國鼎先生是位充滿愛國與愛人的政治家。他是台灣經濟奇蹟的推手，同時倡導第六倫，希望每個人關心自己外，也能花些時間投入社區與公共事務服務。現在我們來認識這位令人尊敬的偉大政治家。

李國鼎先生生於1910年1月28日，2001年5月31日逝世，享年92歲。他，20歲從現今中國大陸的中央大學物理系畢業，在24歲考取中英庚款公費留學，赴英國劍橋大學進修，研究核子物理與低溫超導現象。當他獲攻讀博士獎學金時，中日戰爭爆發，國內正是抗日時期（1937），27歲的他，由於對國家有強烈的使命感與愛，沒有聽教授的話：留在英國把博士學位完成；他毅然決然放棄攻讀博士的大好機會，回國服務，保衛國家。

回國後，他個人從大學教授（當時較高薪），自願到軍中單位（較低薪），去支援抗戰後方各大城市的防空設備及維修。**他對國家的強烈的使命與責任感，從他放棄個人的高學位及高薪**就可以知道了。這是他在中央大學一篇演講：

「今天的青年學生們上了國立大學，出國學成之後，就不回來，視國家栽培理所當然；但我要提醒各位，國家如何在憂患中自立自強，都要靠你們，你們不能只顧自己，而要負起對國家的責任。」

因爲這股強烈愛國責任感，使他看輕個人利祿，而看重對國家的建樹及公共利益。他重視國家政府燈塔導航角色，卽政府要規劃經濟發展大方向，他致力推動以下改革及創新：

◎**投資環境的改善賦稅／金融的改革／成立中小企業信用保證金制／獎勵投資方案等**。要爲國內創造一個政府支持的良好投資環境。

◎**延攬海外人才創業或服務**

張忠謀說：「沒有李國鼎就沒有台積電。」張忠謀於麻省理工學院畢業後，任職於美國德儀公司，在孫運璿與李國鼎慧眼識千里馬下，力邀張忠謀到臺灣創業，台積電成立之初，政府出資金，給予實質的輔助。

◎**成立科技顧問小組資訊**／生物科技／同步輻射／海洋科技／B型肝炎防治／環保等。

李國鼎學的是科技，知道未來潮流趨勢是科技品牌，是重要競爭實力。由於他的推動，臺灣資訊工業及半導體撐起一片天；科技產業欣欣向榮；賺了豐厚的外匯，臺灣因而誕生了很多科技新貴，因此李國鼎贏得「科技教父」的尊稱。

李國鼎先生學的是科技，但卻扮演臺灣經濟奇蹟的推手，成了張忠謀／鄭崇華等人感恩懷念的對象。李國鼎對國家的奉獻，完全出自對「國家的愛」。李國鼎說：「生**命的意義就是愛，沒有愛的生命是沒意義的。**」由於他對國家無私的愛，因此所做的改革與創新，都以富國強民爲目標。正確的思考就會有正確經濟發展方向，因此科技出身的他，對臺灣經濟奇蹟有卓越貢獻，也成爲中國大陸在經濟改革之初，參考的寶貴經驗。

李國鼎在56歲信仰基督教。他有兩本著作《工作與信仰》與《經驗與信仰》提到基督信仰對他工作與生命的影響。基督信仰是一種「上帝對世人的愛」；「你們若遵守我的命令，就常在我的愛裡。」（約翰福音15：12）是一種破除自私的小我，能夠關心別人，參與社區服務，即「愛人如己」的胸懷。他以前對國家的愛是一股強烈使命感與愛國觀；信上帝的李國鼎後，感受美國心靈學家佛羅倫絲・辛（Florance Shin）說：「眞愛是無私、無懼的，它會將自己傾注在所愛的對象上，不求回報，因爲眞愛的喜悅就是來自付出。」

李國鼎先生在台灣經濟起飛，察覺台灣人的「道德觀」很重要，需要加強培養。他認爲除了在中國傳統五倫：父子有親／君臣有義／夫婦有別／長幼有序／朋友有信，應增加第六倫爲「群己關係」。李國鼎的提倡「第六倫」是希望國人能夠在關心小我之餘，也能關懷團體與社區等公共事務。

筆者寫到這裡，對於李國鼎一生彰顯對國家的愛與倡導第六倫，尊敬與讚佩之心油然生起；確實台灣教育對於智育過度重視，所欠缺就是服務社區，服務社會與國家的道德觀，至今仍是如此。生命意義就是愛，就是李國鼎一生的寫照。以「我照亮世界」的小詩向這位台灣經濟起飛的重要推手——李國鼎致敬。

〈我照亮世界〉

當漂鳥迎向晨曦看見：
黑夜感恩白晝
溫暖花兒瑰麗色彩
朵朵向上綻放
迎接新一天來臨

青山張著雲朵傾聽：
晚霞對大地說
我的心盛裝著真愛
從清晨到黃昏
一生無悔地照耀

遼闊天宇上演一台戲：
生命意義就是愛
愛是付出，愛是光
晚霞吻別大海
我的死亡帶來生命

好一位清廉的文官——孫運璿

你對自己與國家的職責是，以各種方式，盡最大可能使自己成為一個偉人，以便下一代看到榜樣，並願意仿傚。

——華勒思．華特斯，美國思想家

我們打開中國的史冊，貪官污吏橫行，導致一個國家由盛而衰。所以宋朝第一名將岳飛說：「文臣不愛錢，武臣不惜死，天下太平矣。」台灣曾經是亞洲經濟四條龍之一，創下經濟奇蹟的美好紀錄。誰是台灣經濟奇蹟的推動者？今天本文要來分享一位非常清廉的文官——孫運璿先生。

民國2年11月10日，東北蓬萊縣，歲暮天寒，在一個大家族的簡陋房子裡，誕生一個特別男孩——孫運璿。這個出生大家族的男孩，從小懂事勤奮，五歲就會幫忙拾糞，分擔母親家事。他進入學校讀書，成績優異，年年拿第一。孫運璿本來對文學十分有興趣，接受爸爸建議：「未來中國是需要俄語及工業技術人才」，跟著爸爸到哈爾濱讀中學到大學。

孫運璿以第一名畢業於哈爾濱的工業大學。九一八事變後，日本勢力深入東北，21歲的孫運璿愛國心特強，「中國一定強」是他胸懷大志的目標，於是他喬扮商人，突破工業人才不准離開東北的日本禁令，到內地參與國家戰爭。戰爭期間，孫運璿參與國家電力建設，工作表現如同課業成績亮眼。二十九歲的他被派至美國田那西水壩管理局參觀見習，後來留在美國進修直到民國三十四年。回國不久後，就被派到戰後滿目瘡痍的臺灣，民生凋敝，百廢待舉。

「家事國事事事關心」，是孫運璿一直稟持書生報國理念。由於學的是工業，在電廠累積相當多的工作經驗。當時臺灣光復不久，電力十分缺乏，他以工程師身分加入日月潭發電廠建設工作。日月潭發電廠在他的努力下，民國三十五年終於完成。

孫運璿的眼光遠大，看見臺灣要全面電氣化，一定還需要幾座發電所；當時臺灣國庫空空沒錢，他毅然向美國借貸二百萬美元來進行全面電氣化建設。一座烏來發電所、立霧發電所與新竹發電所等，在他堅持下建立起來。從工程師——處長——台電總經理。位置更高，責任更重，身為台電總經理的他，親自帶領員工及實習學生上山下海，在鄉村鋪設電力網路。在孫運璿幾年不眠不休的架設下，成功使臺灣電力普及率達到99.7%，超越當時日本及南韓。

孫運璿的能力是世界級，雖不善應酬的他，做事能力卓然有成，令美國刮目相看。由於美國的看重，他爲國家爭取到美援甚多，是當時台灣十大建設一大功臣。他受蔣總統重用，被提拔爲交通部長。當交通部長於五十四歲壯年，他響應十大建設，北迴鐵路／中正機場／臺中港／蘇澳港／鐵路電氣化／南北高速公路；除此之外，他也規劃鄉村的道路，村村有道路，在各鄉村小鎮廣設道路。

在孫運璿當行政院長期間，他在1979年推動「臺灣關係法」，讓中美斷交後，仍保持實質關係。「全面加強台灣的基層建設，提高農民所得」，是他施政的重點。

孫運璿經常便服一穿，四處察看工程進度，完全沒有官架子。於是他深受老百姓的愛戴，在民間聲望甚高。在他當行政院長間，臺灣經濟的成長率爲兩位數字，被譽爲臺灣經濟奇蹟，是亞洲四條龍中的大龍王。臺灣人終於出頭天了，家家戶戶有電冰箱，有居住的房屋，經濟一片繁榮，人民安居樂業。

民國七十三年二月，當時任行政院長的孫運璿因腦中風住進醫院，醒來之後，他對家人說的第一句話就是：

「我擔心沒有地方住了。」

讓在場的家人心有戚戚焉。他官拜交通部長、經濟部長到行政院長，卻在晚年沒有任何豪華美房留下；這樣清廉到兩袖清風的歷史人物，竟在永遠行政院院長身上找到風範；原來中國崇尚的「清、慎、勤」官箴並非高調，一直是孫院長一生履行不渝的座右銘。

「你自己凡事要顯出善行的榜樣，在教訓上要正直、端莊。」（提多書2：7）

寫到行政院長孫運璿，我才明白這位好官一生都顯現書生報國，不愛錢只愛民的善行美德。有一位思想家提出：「**一個國家是否進步富強，端賴這個國家是否有幾位英雄誕生。**」倘若一個國家缺乏偉大英雄人物，這個國家必走向衰敗。很慶幸是在台灣民生凋敝時，一位特別清廉的文官來到台灣，扛起國家建設重任，任重而道遠，貢獻自己的專長與青春歲月於台灣，然後長眠於非故鄉的台灣。

美國思想作家華勒思．華特斯說：「你對自己與國家的職責是，以各種方式，盡最大可能使自己成爲一個時代偉人，以便下一代看到榜樣，並願意仿傚。」孫運璿的一生就是下一代榜樣。祝福台灣：

多幾位如孫運璿，這樣清廉的文官
有世界英雄格局，再創造經濟奇蹟

才德俱足的第一夫人
——蔣宋美齡

品德是無法偽造的，……我們日復一日地寫下自身的命運。

——蔣宋美齡

昨天（2020/8/18），先生陪我一起拜訪陽明山的陽明書屋。陽明書屋是前蔣總統與夫人（蔣宋美齡女士）所住過最後的行館。

每年都會去陽明書屋走走，去看看那裡七星山擁著的變幻白雲，搖曳中的翠綠桂竹松柏，還有半畝的池塘金魚游來游去……。走在其間，我最敬愛的永遠第一夫人（蔣宋美齡女士）曾經優雅散步在其間。蔣宋美齡女士已經去世多年了，但其一生展現才德婦女的高貴風範，如風在林間說話；玫瑰凋謝了，仍聞到香味……。

蔣宋美齡女士貴爲第一夫人，她在三十歲嫁給前總統蔣介石先生。這段婚姻原本沒有被看好，因政治利益結合的。聖經有云：「才德婦人誰能得呢？……她一生使丈夫有益無損。」篤信基督信仰的蔣宋美齡依照聖經的教導，實踐在一生中，她永遠陪伴先生，成爲先生最依靠的左右手。夫妻患難見眞情，這段婚姻走過戰亂，撤退到台灣，超過五十年的牽手生活；對照現在高離婚率的21世紀，更彰顯才德俱足的第一夫人的內涵與美德。

中國思想家荀子說：「**歲不寒，無以知松柏；事不難，無以知女人**」，現在筆者以西安事變與第二次世界大戰到美國演講，來書寫這位永遠第一夫人的勇敢救夫與幫助丈夫面對國難的品格。

蔣宋美齡女士是位虔誠基督徒，她與前總統蔣中正先生結婚後，她陪同自己丈夫每天早上6點30分，一起禱告、讀經，並討論彼此的心得。每晚就寢之前，這對夫妻會在一起禱告。這樣一起讀經禱告是他們心中的磐石與支柱，更堅固彼此的愛。

民國二十五年發生歷史上著名的西安事變，由於前總統蔣先生在愛妻影響下，早已經養成讀經習慣，成爲前總統平靜安穩力量面對劫持，與隨時喪命的緊急情況。「神若幫助我們，誰能抵擋我們？」蔣宋美齡女士每日虔誠禱告讀經，來面對丈夫被挾持的困境。她深信：上帝會幫助她的丈夫度過難關，平安歸來。神的愛厚厚澆灌在她的心，她愛著患難中的丈夫，日夜思考作妻子的她，應該如何有智慧，幫助自己的丈夫脫離險境。

一日，蔣宋美齡女士在讀神話語後，充滿堅強的龐大力量，決定一人到西安救丈夫。當她的丈夫蔣先生看見了自己愛妻不顧自己生命安危，大老遠跑來西安陪伴他，內心非常感動。更讓他感動的是偉大的神。因爲在他與愛妻會面那天早晨，前總統蔣先生當天早晨讀到是：

「耶和華在地上造了一件新事，就是女子護衛男子」（耶利米31：22）

原來神是全能全知的神，一切祂都知道，祂要讓相信祂的人，沒有敵人，平安恩惠屬於信祂的人。最後前總統蔣先生在愛妻勇敢搭救下，終於平安被釋放回家了。

「品德是無法僞造的，……我們日復一日地寫下自身的命運。」蔣宋美齡如此說。

在西安事變後，蔣宋美齡總是陪伴自己丈夫面對中國內戰與外患。在第二次世界大戰期間，當時民國32年（1943年）蔣夫人身穿旗袍以一位女子，應邀到美國國會演講，她呼籲美國要幫助中國；她演講的風采與內容感動在場美國總統富蘭克林·羅斯福（Franklin Roosevelt）與所有美國參議員，在第一夫人演講後，美國眞的派大批精銳一流人員到中國，幫助中國。

在美國派兵到中國，2年後（1945）中國在第二次世界大戰成功擊退日本，光復所有國土，成爲勝利國家。蔣夫人的這場美國演講，是讓中國在第二次世界大戰揚眉吐氣的關鍵之演講。蔣夫人的內外才德是無法僞造的，美國總統看出來，美國參議員看出來，最重要是她的先生前總統蔣先生更看出來，深知道自己的愛妻，愛他與他所領導的國家，所以倚重任於愛妻遠赴美國遊說演講。

國共內戰，國民黨大敗，在民國三十八年退守台灣。「退守台灣」於前總統蔣先生與蔣宋美齡是生命有始以來的大患難。第一夫人永遠面帶微笑，身穿旗袍陪丈夫上山下海，去慰問前線的士兵與山區的原住民。在她主力推動下，輔仁大學與華興育幼院成立，興學辦教育，去照顧爲國家犧牲的後裔，以辦學校將基督信仰彰顯出來。身爲台灣人的我，我的朋友（國花）讀華興的育幼院，她的父親就是爲國捐軀的軍人。輔仁大學的學風自由，溢滿眞理與生命的追尋。蔣宋美齡以高貴情操，默默以賢內助身分幫助丈夫治理台灣，讓台灣成爲美麗強盛的寶島。台灣人民眼中，前蔣總統有一位才德俱足的夫人陪伴他，是他一生的精神支柱；不論成功或失敗的環境，他們同心合一走過他們的愛情、國事與家事。

永遠蔣夫人以才德眞實寫她一生自身命運。昨日在陽明書屋裡的大廳牆壁上有她的國畫作品，其竹子高風亮節複製在玻璃上，那樣聖潔無邪看著我，我的眼光被吸引讚賞著，有一種亮光在照耀我的心窩深處。當我離去時，這位才德婦女在生活之餘，畫著 幅又一幅的梅蘭竹菊陪伴自己丈夫與自己；我想著她的一生，夕陽伴我歸，心田有多好多好的說不出來感動！我靜靜地看著遠處七星山，白雲無言；「此中有眞意，欲辯已忘言」。回首陽明書屋，我想起蘇軾的詩：

「遙想公瑾當年，小喬初嫁了，雄姿英發。」

白雲蒼狗，世事如雲，一代英雄與佳人從中國大陸，退守到台灣，住過最後一間也是最大卻最短的行館，我前來拜訪，思念蔣夫人的美德與才情美麗，她一生都活出上帝女兒的樣式在歷史裡長廊裡。我想著想著，我與先生慢慢走下山了。

今晨醒來就寫下本文。期待未來能寫更多更多有關她的故事。

彰化基督醫院的創辦人——蘭大衛

我期待自己成為一個喜歡別人，也被別人喜歡的人。更甚於成為一名傑出的醫師。

——蘭大衛

愛是人間的最清澈一條河，穿越種族，穿越環境，穿越時代，生生不息。一脈清泉流經乾渴心，讓飲者歡呼流淚，感恩一輩子，訴說這個愛。

爸爸92歲跌倒，送到鹿港基督教醫院後，再送到彰化基督教醫院急診。大哥與我第一時間就從台北趕緊坐高鐵；二哥從台中，趕緊到彰基看爸爸，陪伴爸爸，了解爸爸受傷情況。在彰基陪伴爸爸4個晚上。因爸爸住院緣故，大姊與我日夜在彰基生活。我在這近五天中，充分地感受到彰基的醫生與護理人員都充滿專業和善與耐心，整個醫院的氛圍溢滿「愛」，這「愛」安撫了病人與家屬的心。

在彰基的日子，三餐自理。我要出去買早餐時，我看見牆壁上的經文句：「壓傷的蘆葦，祂不折斷；將殘的燈火，祂不吹滅。」（馬太福音12：20），很觸動心腸啊，即使老父92歲，將殘燈火，祂不吹滅，帶給家屬多大的盼望。吃完午餐後，利用幾分鐘認識彰基環境，就這樣我閱讀到「彰化基督醫院的創辦人——蘭大衛的故事。

親愛老爸爸在住院5天後，決定回家。回家當天，親愛爸爸安詳在家往生，回到天上美好的家。在彰基5天，對彰基醫護人員的愛，非常感恩；同時對一個台灣中部彰化，算是不繁榮城市，卻擁有這麼優良醫護高水準，銘感五臟六腑；我知道彰基溢滿愛，完全是創辦人蘭大衛建立起來的，對一位外國人來說，多麼不容易，多麼偉大啊！

對於創辦彰化基督教醫院的外國「阿兜」（台灣人稱外國人爲阿兜）——蘭大衛，深深覺得太偉大了，一個外國人在彰化40年行醫傳道，拯救無數人，是彰化老百姓的依靠，所以當時有「南門馬祖，西門蘭醫師」之美傳。蘭大衛的故事就這樣美好縈繞在我心頭半年，在今日藉著本文書寫這位令人感佩20世紀台灣著名醫療傳教士，創辦彰化基督醫院——蘭大衛。

蘭大衛說：「我期待自己成爲一個喜歡別人，也被別人喜歡的人，更甚於成爲一名傑出的醫師。」喜歡別人，就是一種源自內心的愛，愛是藍醫師一輩子的形象。

蘭大衛是20世紀的偉大人物。他1870年8月2日出生於英國蘇格蘭基督教家庭，從小在愛人的環境中長大。蘭大衛20歲獲文學藝術碩士學位，25歲畢業於英國愛丁堡醫學院。當他在思考他人生未來的方向時，在拜訪他的好朋友聊聊自己生涯規劃。好朋友很了解蘭大衛的行醫能力、愛人的熱心腸與不畏艱難的個性。蘭大衛那位博士朋友告訴他，台灣中部需要一位很優秀的醫療傳教士，因原本慈愛的傳教士在彰化行醫因病去世了。台灣中部彰化，很多人民窮苦，醫療水準很差，瘧疾，痢疾與各樣疾病橫行，老百姓很多因染病，無錢治病死去。

好朋友一番話，讓一向悲天憫人蘭大衛決定前往這個陌生國家，陌生的城市。誰沒想到蘭大衛離開蘇格蘭家鄉是25歲，英姿煥發的年輕人啊，兩眼炯炯有神邁向不可知的未來；在告老還鄉的藍大衛已是65歲，百髮蒼蒼的老人，他回首這40年行醫傳道的「福爾摩沙」，心裡刻劃著：「沒有愛心的，就不認識神，因為神就是愛。」（約翰一書4：8）「神就是愛啊，我的這輩子就是以愛爲出發點，是我的生命信條，因爲神住在我心裡啊！」

65歲的藍大衛將人生最青春飛揚最美好日子，完全無私奉獻在異國一個窮困的城市，40年啊！他心有所感，對得起上帝，對得起彰化老百姓，對得起自己的愛心。65歲的蘭大衛回到蘇格蘭老家退休養老。蘭大衛在蘇格蘭住家種一棵台灣品種的大榕樹，以表達他思念台灣，台灣是他的第二個故鄉啊！他深深愛著台灣；台灣的人、事、物如此可愛可親，成爲生命中的一部分。令人感傷不捨的是，在1957年，87歲蘭大衛因車禍去世。

這位偉大醫師在彰化40年，做很多令人無法磨滅善行，至今讓世代感念。茲分三部分來敘述：

以大無畏精神創辦彰化基督教醫院（簡稱彰基）

1895年，當蘭大衛來到台灣的彰化，當時彰化衛生條件不好，醫療水準很差，學醫出身的藍大衛知道，一所現代化的醫院是彰化所必需的。每個人都知道要創辦醫院，從無到有，是最艱難的過程，若沒有一顆勝過世界的心志，早就半途而廢了。

由於當時彰化處在瘧疾流行時，蘭大衛本身染上了，後來被醫治好了，從自己染病辛苦恢復健康歷程，苦其所苦，醫院創辦刻不容緩。25歲的藍大衛不懂台語、國語，他旺盛學習力，不怕新語言，除了家庭教師的教導，還有自己的努力與鄉民說成一片，以國台語漸漸能與鄉民溝通了。醫療的宣教精神：服務、愛與希望。蘭大衛把自己的專業與時間完全獻上，他引進英國最進步的醫術，醫療器材與藥品進入彰基。他每天在醫館醫治病患達三、四百名。剛開始免費治療，後來酌收成本費用，對於窮苦的人家特別照顧，免於費用，要聽福音。

對於創辦醫院，當時利用很簡易兩張竹床做爲手術地方，處境算是辛苦與艱難。然而，蘭大衛不以爲苦，他親自爲病人動手術，用高明醫術且細心精準爲患者解除痛苦。每日巡視病房，很眞誠和病人聊天，問候他們身體恢復的狀況。蘭醫師總以仁慈和耐性跟病人溝通，同時以陽光溫暖話語鼓舞病人的陰暗的心。後來求醫治的患者越來越多，他知道必須訓練助手。蘭大衛白天辛苦看病，晚上就爲助手上課。訓練助手（等於未來住院醫生）非常嚴謹，解剖課，醫學課，現場實習等等都要學習，扎扎實實訓練3到4年，直到拿到證照爲止，他才讓助手獨當一面。

蘭大衛日夜辛勤努力，心裡只有一個堅定信念：要爲彰基奠定良好基礎，提供更好的醫療資源給當地老百姓，讓基督的愛遍及每個窮鄉角落。在1903年5月至7月，蘭大衛帶著90位助手，到彰化大社地區行醫，求醫治的病患高達三千多人。病患與家屬對這位彰化阿兜醫生，感謝不停，口耳相傳。彰化基督教醫院的名聲成了愛的招牌，在彰化縣市響叮叮噹，所有重病的家屬都知道要到送到彰基求醫治，爲自己的恢復健康帶來無限的希望。

永遠的切膚之愛

蘭大衛以人爲本，關心所有向他求醫的大人小孩，視病患爲家人親屬。切膚之愛的故事是當事人周金耀說出來，蘭大衛在他的書中從未提及，可說是爲善不欲人知的人。切膚之愛的故事是這樣的：

住在彰化伸港鄉13歲的周金耀，一日不小心在田裡一條小路跌倒擦皮受傷。周金耀的爸爸就以草藥與髮油塗在兒子傷口地方，他想兒子只是跌倒擦皮算是輕傷，擦擦藥，應該很快就會好。沒想到，周金耀大腿傷口可能感染到細菌，反而更加嚴重，疼痛不已。篤信民間信仰的周爸爸帶周金耀給神明醫治，喝喝符水，還是無效。愛兒深切的周爸爸揹著周金耀，千里迢迢從鄉下伸港到彰化城市去看中醫，希望藉著高明中醫的手來醫治兒子大腿的嚴重傷勢，結果還是束手無策。在這樣尋良醫無門時，一位好心人士建議周爸爸帶兒子去求助「西門的藍醫生。」當然，心急萬分的周爸爸立即帶周金耀到彰基看病。

從周金耀受傷到彰基時求醫治，因耽誤最好醫治的時間，傷口一片嚴重潰爛，必須截肢來保性命。蘭大衛醫生本仁者之醫心，思考周金耀男童只有13歲，有大好前程要等著他，卻要面臨截肢的命運，實在不捨。周金耀跟他的孩子蘭大弼差不多年齡，視病童爲兒子的他，希望自己做一個大膽嘗試：移植皮膚來醫治周金耀的大腿，看是否能成功免於周金耀的截肢的悲哀下場。蘭大衛婉轉告訴妻子連瑪玉（她是英國人，來台當宣教教師）移植皮膚可能性。沒想到愛人如己的連瑪玉一口答應，心裡沒有任何不安害怕，因爲神就是愛，神與她同在。

「移植皮膚」在當時算是很先進的嘗試，沒有人做過。大膽心細的藍大衛醫生願意爲周金耀的未來，放手一搏。蘭大衛親手操刀割下妻子連瑪玉的四塊腿皮，移植到周金耀的右腿傷口上，希望藉著妻子健康的皮膚來促進病童傷口的恢復，沒想到失敗，移植的皮膚紛紛脫落。蘭大衛沒有因爲這樣第一次嘗試失敗而放棄移植皮膚。蘭大衛思考既然異質皮膚排斥，那麼用自己的皮膚來醫治自己，就醫理來說，應該可行的。所以他就割周金耀這位病童左大腿部分的皮膚，以細片皮膚撒播在創口的表面上。中國古人有句話：皇天不負苦心人，蘭大衛一片苦心感動那移植皮膚，該細片皮膚竟生長起來了，潰爛地方少了。

再經過4個月，蘭大衛醫生又再一次施行移植皮膚手術。前前後後經過一年，蘭大衛醫生無比恩慈醫治周金耀，醫生娘連瑪玉無比慈愛視周金耀爲兒子日夜地照顧。周金耀的右腿嚴重傷口被醫好，終於免於截肢，可以像正常的孩子跑跑跳跳。周爸爸家裡貧窮，無力栽培周金耀。蘭大衛醫生與妻子無條件資助周金耀讀長榮中學。周金耀打自心裡感謝這對阿兜夫妻，決定要效法阿兜夫婦，如再生父母，一生愛基督愛人。從長榮中學畢業，周金耀就去讀台南的神學院，一輩子從事牧師愛人傳揚福音工作。

周金耀牧師在分享講道時，他最喜歡說：「雖然醫生媽的那塊皮膚沒有黏在我身上，但永遠黏在我的身上。」蘭大衛的皮膚之愛透過周金耀口裡說出來，成了世代無私之愛的見證。周金耀的外孫Franklin Yuan在美國行醫，秉著醫治外公周金耀的蘭大衛無私的「切膚之愛」，成爲自己在美國行醫的信念。生命影響生命，切膚之愛是蘭大衛醫生在台灣的行醫愛的縮影，多少病患多少家屬告訴兒女，阿兜醫生比台灣人還愛台灣，不但醫治他們難纏的病，更重要那和善笑容對待病人。

以基督的愛爲創辦醫院，注重傳承

創辦醫院不是用來賺大錢，而是藉著醫療行爲來傳揚基督愛人的心。蘭大衛在台灣40年，除了行醫外，同時注重教育來培養人才。蘭大衛的妻子連瑪玉，會爲當地兒童上課，講解聖經的故事；同時願意花時間教當地婦女編織毛衣，視兒童與婦女為一家人；蘭大衛醫生與太太常騎著腳踏車到鄉下看病，希望醫治更多窮苦的鄉民。蘭大衛與連瑪玉唯一兒子蘭大弼，從小看自己父母以基督的愛在行醫，耳濡目染下，他決定向自己父親看齊，回父親的家鄉英國學醫，再將英國更進步更卓越的醫學技術帶到彰基來，奉獻給人群。蘭大衛創辦彰基，在彰基行醫40年，接棒是兒子蘭大弼，奉獻彰基28年；這對阿兜父子兩人治理彰基大約68年。在這68年春去秋來的歲月，基督的愛早已是彰基醫護人員的服務信條，對病患最重要是他的痛苦，要眞心憐憫，眞心關懷。蘭大弼醫生對剛入門的年輕醫生說：

「高貴儀器固然是重要，身為一位醫生，一顆憐憫、溫柔、謙卑、吞忍的心對待病人更重要。」

退休回家鄉告老的藍大衛，連瑪玉，這對一生奉獻的阿兜夫婦兩袖清風，沒有從彰基帶任何金銀財寶，住在家鄉的兩層樓的住家，是承繼祖產的錢購買的。兒子蘭大弼在彰基服務28年，可領退休俸200多萬，他依然全部捐獻出來。這就是一家人用68年漫長時間，以身作則將基督的愛活在每個彰基人的心田上；其清廉不貪財，以愛為出發點的身影刻劃在彰基人心版上。

彰化基督醫院從1896創辦到至今2021年，約125年，屹立在彰化市，走過一世紀了；成了彰化病患的救星，是彰化人一大福氣與福音。我因爲老爸住院，在彰基照顧爸爸短短日子，充分感受彰基空氣洋溢著愛。以本文向創辦人蘭大衛致敬，愛如陽光，照亮世世代代兒女，溫暖受苦的心，生命雖逝去，愛人的精神永遠長存。

（這篇刊登在彰基的刊物，且有國語與台語的錄音）

2021/07/07

特別有自信心的女性科學家——居禮夫人

我們生活似乎都不容易，但是那有什麼關係？
我們應該有恆心，尤其要有自信心。

——居禮夫人

我在小學五年級特別愛看偉人傳記。看完《居禮夫人傳》後，特別寫一張字條：我要像居禮夫人一樣偉大，張貼在書桌上。

如今，四十多年過了，我經歷生命中的陽光鮮花與高山低谷；在低谷中，小時候所閱讀偉人傳身影就成了無形力量，向上拉我一拔。「居禮夫人」是我小時候唯一張貼的偉大人物，或許因同是女性，特別有心有靈犀的感動。

本文就以一位身爲女性，母親的我，在中年時，書寫小時候尊崇的女性科學家居禮夫人。在我閱讀有關居禮夫人故事與報導後，她的偉大有三個方面：

突破當時社會對女性的歧視與限制，成了獲得2個諾貝爾獎的女性科學家

居禮夫人（Madame Curie）出生波蘭，當時波蘭是被蘇俄統治。「女性」，讀書上大學於19世紀的波蘭是不可能，但居禮夫人的父親是一名學校老師，他認爲女性應該受教育。在私下讓自己孩子學習各樣的知識，居禮夫人就在這樣開明父親作風下，有了知識的堅實基礎。

「科學」對女性是遙不可及的，天資聰穎的她，在法國所研究的領域是數學、物理與化學。巴黎的大學與科學界都對居禮夫人很不友善，甚至歧視到極點，尤其身爲猶太裔的女性，她幾度被拒在門外。

居禮夫人說：「我們生活似乎都不容易，但是那有什麼關係？我們應該有恆心，尤其要有自信心。」就是對自己在科學的自信心，她認爲女性也可以在科學界出類拔萃，雖然放眼在史冊上沒有女性科學家，相信自己可以突破性別限制，做第一位。在一番爭取下，她在巴黎大學拿到物理學與化學雙碩士學位，有自己實驗室。同時她是巴黎大學第一位女教授。

在過去，沒有女性在科學上取得巨大成就。居禮夫人秉著「信就是所望之事的實底，是未見之事的確據。」（希伯來書11：1）的信心，相信女性一樣同男性的聰明與才智，可以一樣做科學研究。幸運是她有開明父親與丈夫居禮先生支持，所以憑著對科學的熱愛，一生不管外界對女性不認同，就是對自己研究事情興趣專注，終於，居禮夫人開創女性研究科學典範，她成了歷史上目前爲止，拿了兩個諾貝爾獎的女性科學家。

居禮夫人突破女性不能從事科學研究之限制，成了最鼓舞女性的女性科學家。如中國科學家吳健雄女士，是一名未拿諾貝爾獎（遺珠之憾）的女性傑出科學家；拿到諾貝爾獎的李政道與楊政寧深受吳健雄女士研究影響。吳健雄女性科學家，她說，她之所以走進科學研究領域，完全歸功居禮夫人的精神感召。居禮夫人以女性對科學熱愛，啟迪她的大女兒對科學的熱愛，她的大女兒後來如同母親傑出，是獲得諾貝爾獎的女性。所以，居禮夫人除了對科學有宏偉的貢獻外，站在歷史長廊中，她是影響女性要突破性別限制，去做她熱愛的事業的第一人，往後有抱負女性都覺醒過來，要發揮自己才能，對社會國家，做出一番貢獻。

全心投入科學工作研究，無怨無悔且淡泊名利

居禮夫人說：「我們應該不虛度一生，應該能夠說：『我已經做了我能做的事。』」任何人不管是男性或女性，既然出生爲人，自有一生寶貴的光陰來展現自己的服務與貢獻。居禮夫人對自己能力有信心外，在科學研究工作上是她能做的事，她就全心投入，無怨無悔，有中國人稱「春蠶到死絲方盡，蠟炬成灰淚始乾」奉獻精神。她花了將近四年時間，才離析新的化學元素——鐳。「四年」時間需要是辛勤耕耘與耐心等候，鐳才被發現，凡人大概早就放棄了。

「偉大的發現，並非來自科學家的靈光一現，而是無數準備功夫累積的成果。」——居禮夫人如此說。

科學是她一生熱愛的工作，她從青春未婚女性——已婚跟先生共同研究——丈夫去世獨自繼續投入科學研究——因工作長期在輻射下去；一生都在工作，不只是單純工作，還以整個生命追求，永不動搖堅強意志，希望在工作有新的發明新的發現，對人類做貢獻。

當丈夫去世時，她幾乎被這意外的打擊，擊倒在地上，感覺無法面對未來。但居禮夫人對「科學工作的夢想」，使她有精神力量，再度不被打倒，繼續完成先生未竟的科學事業。當她面對痛苦情傷，遭到媒體與大衆恥笑時，2年在修女院養傷，「對科學的崇高使命感」使她告別過去醜聞，還是回到工作崗位上繼續研究，這永不放棄工作烈士態度，使她經歷痛苦情傷後，再度獲提名拿到第二個諾貝爾獎。正如聖經云：「種下是羞辱，復活是榮耀。」她傑出工作研究成了醫學上的貢獻，她的研究辛勤結果——放射線，用在癌症與相關治療；同時使放射線如科學研究光芒，點亮全世界科學家的視野，使後輩研究者踏上巨肩往前。

獲得2個諾貝爾獎的居禮夫人，一生淡泊名利，做她該做科學研究。她把獲得獎的獎盃作爲女兒的玩具，所有過多讚美與名聲如花如風，她是青山，花與風都會凋謝，消失；只有內心對科學熱愛才是眞實的，寧靜以致遠，心靈不被俗世名聲不被淹沒，她寧靜安穩鎮日在工作王國中。愛因斯坦說：「**我認識的所有著名人物當中，居禮夫人是唯一不被盛名寵壞的人。**」

懂得因材施教，重視體育教育的偉大母親

居禮夫人是個偉大母親。她有兩個女兒，在丈夫去世後，她單獨扶養只有9歲的大女兒與1歲3個月二女兒。身爲母親的她，並沒有因爲繁重的研究工作，就怠忽她的母親應有職責；相反地，她細心觀察她兩女兒的天賦與個性差異。

大女兒伊蕾娜（Irene）天生對數理有興趣，就讓她多多對數理下功夫，在數理紮實的學習。小女兒伊芙（Eve）天生喜愛音樂文學，居禮夫人就買鋼琴給她練習，接觸藝文活動。居禮夫人有感於學校教育的侷限，無法對特別孩子因材施教，所以在家辦教育（類似中國私塾教育），請當時一流學者就其專長，讓兩位女兒學習到最適性最頂尖的課程。在她的慧眼與先知下，大女兒數理科學超越同儕；小女兒的音樂與藝文被栽培發展。

居禮夫人認爲一直久坐教室或室內不是很好，居禮夫人很重視孩子體育活動。她鼓勵兩個女兒到戶外去。遠足與騎馬是必修的，春夏秋冬風雨無阻。她還親自指導女兒游泳，讓游泳成爲生活必備的技能。冬天的滑雪，是他們全家熱愛的戶外活動。在大自然中遠足，培養腳力體力耐力，更培養獨立的人格，這是居禮夫人的教育觀。

孩子有不同天賦與才華，因材施教，使其不埋沒且發揚光大；唯體育活動是共同必需有的教育，兩個女兒都必修。因爲有這樣重視因材施教、體育活動的偉大母親，兩個女兒日後發展都讓世人驚艷讚賞：大女兒伊蕾娜在1935年獲得諾貝爾獎；小女兒伊芙是鋼琴家與文學家，她寫的《居禮夫人傳》至今暢銷全世界。

以上三點，是我對居禮夫人的仰望。小時候很喜愛居禮夫人刻在心版上，過了四十多年的我（我愛的不是科學研究，是文學藝術）依然非常熱愛居禮夫人，因其生命的堅毅辛勤自信態度與栽培女兒的教育觀，仍如一幅世界名畫，永恆掛在我家客廳上，早晚注目與欣賞，並學習。

幽默智慧的大文豪——林語堂

財富、敵人和生命都不能持久，光榮的名字會永垂不朽。

——安徒生，丹麥作家

林語堂，這三個字在臺灣學子心中是鼎鼎大名，在西方文人眼中是那位寫《生活藝術》的東方作家。他的學養橫貫中西，暢通無比，以中英文創作，留下幾部氣勢磅礴的作品：《京華煙雲》《吾國吾民》《生活的藝術》《紅牡丹》《賴博英》等等，細細閱讀，大師的文采就在其中閃耀，你見到生命的智慧如光照亮時代動亂風雲，在飄搖生活裡找到可安歇溪水邊。

當你到陽明山路上有一站是林語堂故居，是他晚年安養地方，請你以一顆閒情雅緻的心去拜訪它，在不經意間會聽到他爽朗的笑聲，如道家仙人與你談詩論劍或下一盤棋或坐在那裡，慢慢傾聽他在美國十年生活或在上海的小時候生活；總之，他是幽默的生活藝術家，親近他如沐春風，茅塞頓開。

很歡喜這樣將東西文化精神融合一身的作家，有西方幽默開朗個性，更有東方老莊靈魂。由於林語堂是牧師的小孩，雖然曾逃離教會多年，但在晚年仍推崇基督信仰，成為愛主的基督徒。

我在當學生時代每次閱讀他的書，就進入世界文豪的天地裡，很能提升我的小小視野；到現在，心想有時間應該再閱讀他的書；溫故知新，尤其走過幾度又幾度春夏秋冬的我，更能體會他的智慧與生活藝術。現在，我們就來認識智慧幽默大文豪——林語堂博士。

他生於年1895年10月10日，福建人。美國哈佛大學比較文學碩士，德國萊比錫大學語言學博士。他做過英文系系主任，文學院院長，聯合國教科文組織美術與文學主任等職位。他的著作仍然被翻譯／被演出／被研究，一生有兩次被提名諾貝爾文學獎；雖然沒得獎，其寫作早風靡東西文化界。

有一次，我在閱讀西方作家所寫勵志書籍上，作者引用林語堂博士的《生活藝術》的話語，著實讓我驚喜不已。一位東方作家如此光明磊落受到西方文壇尊重歡迎，是了不起的學養及成就。在晚年72歲，民國55年（1966年）回臺定居，當時國民黨政府很禮遇他，為他選一塊去陽明山路旁的福地，按照他所喜愛的歐風建築，蓋一棟明亮典雅文人小別墅，為他編書寫書的住家。他在那兒住了十年直到1976年3月26日逝世於香港，同年四月長眠臺北林語堂故居後方大地上。

我國中時期，國文老師陳桂芬曾向我們介紹林語堂博士，說他是一位幽默大師，一位有老莊思想的偉大作家。幾年後，讀他的《朱門》，《賴柏英》，雖然狼吞虎嚥閱讀，但對他文字描述，仍可感受世界文豪深厚的功力。以前臺灣學生生活在繁重升學競爭下，鮮少閒情意趣讀讀名著之樂；現在手機人人有，滑來滑去，時間都滑掉了，鮮少有坐下來閱讀安靜的時光。其實閱讀帶來思考，思考帶來諸多的影響力。童話故事作家安徒生所說的：「財富、敵人和生命都不能持久，光榮的名字會永垂不朽。」偉大作家會永垂不朽。

林語堂博士讀了很多書，實在太多書了；從中國水滸傳、紅樓、史記到世界名著小說，無書不讀，他很享受讀書之樂。他在29歲拿到語言學博士，是天光雲影共徘徊，水到渠成。在他35歲應邀回母校聖約翰大學演講，他說：

「讀書本是至樂的事，正如杜威說，讀書是靈魂的壯遊。你們若不能用看紅樓夢與水滸傳的方法去看哲學史，經濟學，你們就是不懂讀書之樂，不配讀書。許多人今日中文很好都是由看小說、史記得來，而且背著師長，偷偷摸摸硬看下去。那些書中不懂的字，不懂的句，看慣了就自然明白。學問的書也是一樣，兩次看不懂，三次就懂。只怕諸位不懂讀書之樂，沒有耐心看下去。讀書必求深入，而欲求深入，非由興趣相近者入手。學問是每每互相關聯，由看一本書而不得不去找關係十幾種書閱讀，如此循序漸進，自然可以升堂入室。」

林語堂對愛情看法也值得大學生及年輕人尋覓人生伴侶參考：

★飛娥撲火是一種慘烈。奮力破繭而出展翅高飛是一種莊嚴。

★女人最美不是在臉孔而是在心靈。

★在婚姻尋覓浪漫情趣的人會永遠失望，專心做良好而樂觀的伴侶的人，卻會在無意中獲得很多。

林語堂在讀大學時很喜歡班上女同學，應一見鍾情；沒想到女同學的有錢父親看不上窮牧師的兒子，將他轉介給另一個生意的朋友女兒——廖翠鳳。父親問女兒廖翠鳳的意見。翠鳳說，「有錢沒有錢沒關係，最重要是品性才華。」得不到心怡女同學的林語堂，並沒有懷憂喪志或尋死，他奮力破繭而出展翅高飛，在聖約翰大學時曾上臺領獎四次之多，大學畢業後又到美國哈佛大學德國萊比錫大學深造，成了名滿中國喝洋墨水的青年才俊。他娶廖翠鳳，婚姻幸福相互陪伴一生終老，他說：

「我像個輕汽球，要不是鳳拉住，我不知道要飄到那裡去。」

《生活的藝術》是林語堂博士在美國以英文所完成的

著作，它的出版後受到西方文壇的喜愛，被翻譯成多國文字，以中國作家身分譽滿西方文壇，林語堂博士算開風氣之先。文如其人，我們眞誠探究其生活的智慧和藝術：

適度工作適度經濟富足

林語堂喜歡中國人的中庸之道。在積極進取與消極退隱之間取得平衡，獲得生活的安頓及心靈的快樂。他說：「窮不至於窮到付不出房租，富而不至於富到可以完全不工作。」

林語堂當過大學教授／系主任／祕書長，也辦過雜誌，將中國的《幽夢影》翻譯英文，編漢英字典，參與勞軍等積極進取服務社會國家工作。因此在經濟上是適度豐衣足食。他積極努力工作，同時享受美食之樂。「人世間如果有任何事，值得我們愼重其事，不是宗教也不是學問，而是吃。」一個人生活無虞才會講究吃的美味。陶淵明不為五斗米折腰隱居山林，卻無法提供後代富裕環境。李叔同看破紅塵出家，無法有兒女之天倫；西方莫扎特專心在家創作卻窮困英年早逝，「世間問情是何物，直到生死相許」或是「生命誠可貴，愛情價更高，若爲自由故，兩者皆可拋」，都是一種極致；一種絕對，而非中庸之哲學。林語堂認爲第一流隱士，不是終生退隱山林，而是擁抱人群工作，但是在心情卻是半神半超脫。他的安身立命是：

「人類最崇高的理想，就是一個不必逃避人類社會和人生，而本性仍能保持原有快樂。」

享受天倫之樂與旅遊之樂

林語堂說：「我回顧這一生，此生無論是成是敗，我都有權休息。悠哉悠哉過日子，享受人生最高福佑天倫之樂。」

他的次女林太乙在她的著作《林家次女》寫著她們家的天倫之樂：

「爸爸同我和姐姐玩，有時我們一起在地上打滾，有時他教我姊姊和我騎在發椅背上用枕頭彼此逗打，看誰先被打下來，我們玩得很起勁，哈哈大笑。他也講故事給我們聽，故事裡的主角是一根香蕉和一隻橘子，我聽得很入迷，可惜爸爸沒有把這故事寫下來。」

林語堂博士是學問家，也是語言學家，更是發明家（發明中文打字機），還有教書、行政工作，他應該非常忙碌，但其重視與孩子相處天倫之樂，創造孩子美好的回憶，享受人生最高福分。心之所嚮，時間就會被有意空出來，愉悅善用之。他重視天倫之樂也會帶家人一起親近大自然。林語堂說：

「當我躺在泥土上，接觸著泥土草皮時，我的靈魂似乎鑽進了砂土，快樂蠕動。當一個人這麼陶醉時，他就跟在天堂一樣。」

閱讀聖經健全的信仰

林語堂博士是牧師的小孩，基督信仰是他童年的信仰。年紀漸長，研究中國老子莊子思想，對基督信仰有些質疑，離開教會，在晚年回歸基督信仰，他以很長篇幅論述自己的信仰之旅，茲引用幾句：

★耶穌的世界和任何國家的聖人、哲學家及一切學者比較起來是陽光之下的世界。太陽昇起，所有燈光可以吹熄。

★聖經讓他有光的明朗性，陽光的信心，喜樂的心靈。他認爲閱讀聖經也是生活完美藝術，聖經如陽光驅走人類生活的風雨與黑暗。聖經有很多智慧及安慰及鼓舞的句子；例如聖經云：「看哪！我做一件新事……沙漠開江河，曠野開道路。」

以上就是我個人很喜愛很喜愛的文學家——林語堂博士的生命智慧。他一生以書爲伍；兩腳踏東西文化的大文豪，不斷看書寫書，彰顯生活藝術，活出宇宙自由開闊胸襟，其光榮名字如陽光照耀世世代代。

創造中國經濟奇蹟的巨人——鄧小平

改革不要倉促，不要一下子全面性；應該採取漸進式，穩健路線。

——鄧小平

孫子兵法有云：「知己知彼，百戰百勝」。鄧小平先生不是台灣人，卻是開創造中國大陸經濟奇蹟的巨人；我們了解其生平故事與思想，對當前台灣如何再創造台灣經濟奇蹟，走出青年低薪的困境，有莫大精神啟迪性；讓我們思考自身情勢，學習其改革之務實與做法，團結一致爲台灣的未來努力。

鄧小平是一位身高不到160公分，卻是近代史上頂天立地高瞻遠矚的英雄人物。寫這篇文章是以一顆晚輩很尊敬的心來寫。

讀滿清末年至八國聯軍侵華，國父革命，軍閥割據，國共內戰；日本侵掠中國，不可數計的華人死於戰亂，血跡斑斑，民不聊生；中國的文化大革命，約兩千萬人死於這場文革浩劫；身爲黑頭髮、黑眼睛的華人，有命運共同體，集體的潛意識，有股深沉難言之歷史隱痛。

鄧小平歷經大時代的戰亂，在苦難中成長，實踐社會主義，想為廣大人民謀福址。一生為愛中國的崇高目標努力奮鬥，這位吃盡各種苦頭的不倒翁，在晚年做出劃時代的貢獻——經濟改革，終結十三億中國人貧窮生活，帶動全中國人共富的幸福，他的卓越貢獻遠超過任何一位諾貝爾經濟獎得主。

一個人的偉大是出自於他的崇高目標，一生為此努力以赴，付出青春付出所有。鄧小平說：「**我是中國人民兒子，我深情地愛著我的祖國和人民。**」當我閱讀他如此深情說話，我很感動，同時也明白他為什麼能成就春秋大業，完全出自關心中國人民的福祉，眞心為此付出自己一生。鄧小平在近80歲老年時，決心做對事情：就是修正社會主義，做漸進式的經濟改革，讓人民富起來，以實踐心中愛祖國及人民的崇高目標。

聖經云：「患難生忍耐。」（羅馬書5：3）鄧小平歷經患難，總是忍耐；忍耐是一種堅忍不屈的德性，在時代風雨中，長久時間，昂然的等候陽光破烏雲而出。美國心靈作家佛羅倫斯．辛說：「勇氣包含天賦和神奇。勇敢面對困境，困境將不存在。」鄧小平的勇氣是如此飽含內在生命力量與堅強面對韌性，神奇脫困而出，且千錘百鍊成就偉人之個性。鄧小平是吃苦的不倒翁。鄧小平吃遍各種苦且產生智慧，四個重點描述如下：

早年到法國嘗盡貧窮之苦

未滿16歲的鄧小平，沒錢就讀正規學校，做過飯館招待，火車司機副手，到鋼鐵廠當鉗工，也到橡膠廠從事製作膠鞋的工作。他也飽受失業無事可做之窘困，在法國長達七年之中，一直爲生活三餐奔波打工。大概這樣貧窮際遇，使他終其一生都站在低層廣大人民一邊，深刻明白人民的心聲：**要吃得飽**。

吃盡戰爭之苦

鄧小平的女兒鄧榕在鄧小平晚年想爲自己父親立傳，就親口問他有關打仗的往事，他沒多加描述，只說：「我幹了一件事就是吃苦。」戰爭的恐怖，打仗的艱辛，豈能一下子說得清楚。鄧小平生於1904年，値是戰爭頻傳之亂世，他參與國共內戰／對日抗戰，在各種大大小小戰役中，身心相互逼迫，生死瞬間相互對立，隨時面臨是死亡的威脅，所吃的苦是天下最殘酷之痛苦。

飽受三次從權力高峰下臺之苦

第一次下臺是在29歲（1933）。那一年被關進拘留所，他第二任妻子金維映同時提出離婚要求。第二次下臺是在鄧小平62歲（1966），文化大革命如火如荼展開，他被抄家，年輕氣燄的紅衛兵當衆羞辱他且令他罰跪，後來還下放偏遠江西省新建縣的拖拉機修造廠勞改長達三年。在這場文革歷史悲劇中，他的弟弟鄧蜀平因絕望而自殺；

他的大兒子鄧僕方當時就讀北大物理系，被紅衛兵批鬥從四樓墜地，從此半身癱瘓。鄧小平個人痛徹心坎的遭遇是千萬家庭的悲哀縮影。第三次下臺，是在72歲（1976），毛澤東防備他算文革的舊仗，拔除他所有的職務。

人生眞的充滿考驗。在中國文化大革命有很多飽學的知識分子在紅衛兵羞辱被批鬥或在政局權力鬥爭下，選擇保留尊嚴自殺，離開讓他們飽受身心折磨的亂世，大時代亂世下，生存是很「險象環生」，很不容易的。鄧小平吃了天下掐指算來，應該名列前茅之「苦痛」，**如果他像自己親弟弟選擇自殺，就沒有鄧小平這位偉人了，中國說不定現在依然貧窮落後。**

當我那位一起準備國考的朋友，面對兩次高考的落敗，心情沮喪低著頭。我告訴他有關鄧小平吃苦的故事及文革多少知識分子下放勞改心酸，眼前考試失利與鄧小平歷經大時代的動亂之苦，眞的不算什麼。朋友聽完鄧小平吃苦故事後，重燃再接再厲，直到考試成功的熱情；他繼續參加第三次高考，眞的金榜題名，如願成爲國家公務人員。

苦難生智慧

鄧小平以自己青春熱情擁抱社會主義，想爲自己同胞謀求福祉，卻帶來民生凋敝，封閉的中國；他知道必須修正社會主義路線，尋找適合國情的發展原則，他在站穩最高權力領導位置，已是78歲（1982）高齡了，他仍然不忘記年輕夢想：「我是中國人民兒子」，爲此大智慧思考做個決定：鞏固政治領導中心，以國家力量推動經濟改革，讓人民富起來。錯誤社會主義，帶來蘇聯／東歐／中國生靈塗炭，人民貧困；蘇聯戈巴契夫想改善國內困境，卻因改革太快也倉促，造成蘇聯帝國解體。

鄧小平在鞏固黨政治領導後，以漸進式經濟改革方式實踐「人民共富」的目標。他在81歲（1985）巡視深圳經特區說：

「深圳經濟特區是一個特區，路子是否對，還要看一看，搞成功是我們的願望，不成功就是一個試驗。」

鄧小平之鞏固政治領導中心，以經濟特區作試驗，若深圳經濟特區成功了，再推動另一個經濟特區；慢慢推廣到縣到省。經過二十年了，中國人富起來，成爲世界的經濟大國。

綜觀鄧小平政治智慧：

1. 改革不要倉促，不要一下子全面性；應該採取漸進式，穩健路線。
2. 適應中國情況，就要走出一條中國式的現代化道路。
3. 善於發現人才，團結人才，使用人才，是領導者成熟的主要標誌。
4. 制度好可以使壞人無法任意橫行；制度不好可以使

好人無法充分做好事，甚至會走向反面。

大哉！偉哉！以這段話做爲本文的完美結束：

艾爾伯特・哈波特說：「**不論在何地，能夠挽救這個世界的，只有那些偉大、堅強無私的靈魂。**」中國大陸因鄧小平的勇於改革，創造中國經濟奇蹟；這位精神巨人，如青山長存，無私靈魂感動時代兒女。

敲響思想鐘聲的教育家——傅斯年

一天只有21小時，剩下3小時是用來沉思的。

——傅斯年

那天拜訪台大醉月湖，回途特地用手機拍傅鐘留念。當我走到校園門口的左側時，我發現有一位看起來是教授，從一個樹木青翠地方走出來。在這位教授離開了，我很好奇，那是什麼地方。我在入口處，看見「傅園」兩個字，我安靜走進去。

這是我第一次走進傅園。樹木好古老好高大，一棵棵吸滿日月精華，綠意盎然林立，我想到「古木參天」的成語。我靜靜地走在其中，感受到歲月在這裡的滄桑痕跡。多少人來這兒走過，我不知道；但我知道自己在那大片綠樹環繞中，足以擋住外面的車水馬龍與紅塵喧囂沸騰，心整個沉澱下來，會沉思有關生命的事。

當我走到紀念傅斯年的神聖地方，心有所感，臉有所動容。我知道他從中國大陸過來，死於在台灣，這是典型國共內戰不少文人書生的結局。

那天拜訪傅園後，我心就想寫這位台大首任的校長——傅斯年，於是我就開始從網路閱讀有關傅斯年的文章，在幾番閱讀後，觸動我心靈是他的品格與情操，以下是我對傅斯年的偉大印象：

一位偉大思考的教育家

傅斯年（1896~1950）在短短54年中，他是位愛書愛思考的人。他的祖父在清朝順治期間是首任狀元，父親是舉人；在這樣濃厚書香成長，從小就熟讀中國經書，有神童之稱。在20歲就讀北京大學國文，畢業考上官費留學，留學英國與德國7年。

傅斯年在讀北大時就立志一生從事教育。他不愛做大官，他要良師興國，以教育報效國家。在抗戰期間，日本惡意破壞中國的文化，要讓中國人接受日本文化，進行各樣皇化運動。傅斯年向當時政府提議將三校：北京大學、清華大學與南開大學爲西南聯合大學遷至昆明。在抗日戰爭期間，傅斯年在西南聯合大學擔任歷史所所長，他延聘當時一流學者如趙元任到西南聯合大學教書。西南聯合大學就在傅斯年的大膽創新的建議，當局同意下，一批當時相當頂尖留學的學人在西南聯大的各科系，「物質不得了，精神了不得」（林語堂說）盡心盡力盡意在教育崗位上，爲國培養各樣建設人才。得了諾貝爾物理獎的楊政寧博士，是當時西南聯合大學物理系的學生，他曾感謝母校教授對他物理學基礎，扎下堅實的基礎。

傅斯年說：「一天只有21小時，剩下3小時是用來沉思的。」**他一生提倡獨立思考，學術自由**。在他接掌台大校長期間，他不要三民主義進入校園，以免學生被洗腦；他堅持自由主義的立場，讓學生能夠以自由的心靈接觸各樣的學問，去洞悉宇宙間的眞理與新發現。傅斯年不要學生被奴化，在守舊傳統醬缸文化裡，成爲一個唯唯諾諾的文化人。「你要保守你的心，勝過保守一切；因為一生的果效是由心發出。」（箴言4：23）學生自由追求眞理的心，這位校長要致力保護這個自由。所以當學生運動時，他希望政府不要武力鎭壓，讓學生流血。

傅斯年在當校長期間，稟著辦教育的崇高理念，他禮聘禮遇一流的學者教授到台大教書，對於很混混的教師，會毫不客氣請他走路。在他雷風力行之下，當時台大教授都兢兢業業於教學研究上，不敢絲毫馬虎懈怠，這與傅斯年的教育理念：良師足以興國有關。他對學生的住宿條件和伙食很關心，親自垂詢關心，改善現狀。他說：「我對聰明有才能，家境清寒的學生，絕對要想辦法幫助他們，扶持他們。」他曾將稿費濟助貧窮學生，讓受其幫助學生感念終生。

台大的教學質與量就此欣欣向榮，所有教授與學生都非常喜歡這位胖胖的校長——個學術界的清流，有卓越行政能力的教育家。在他去世後，台大校園有建造一個傅鐘園地，每節上下課都會敲21響，來紀念這位重學術自由與思考的第一任校長。

我是讀師範院校體系長大的。在讀師專時，我對於以軍事化方式來培養師資，適應不良。後來讀彰化師大，還是無法滿足內在對恢弘視野的追尋。現在中年的我，回首過往就讀學校，原來我熟讀西南聯合大學的《未央歌》與五四運動的文人所寫文章，對其自由學風與偉大的心，早早成爲自己的生命追尋。若讓傅斯年這位有偉大思考的教育家培養台灣師資，我想，對應當今台灣教改與教育，應有不同世界格局與角度。

愛國愛人的偉大情操

傅斯年是位愛國的人。在他讀北大時，曾經是五四運動領袖，後來受老師胡適影響，就退出與政府對立角色。但其出發點是年輕學生對國家的愛。傅斯年知道自己耿直的個性並不合適當官，所以就其專長：教學與研究，來報效國家。他創辦中研院語言所，全身投入經營20年成績卓著。**他一句名言：「上窮碧落下黃泉，動手動腳找東西。」就是他勤奮治學的寫照，他希望國家因他投入，培養歷史與語言的世界級的人才。**

由於愛國心使然，他痛恨在抗日期間在日本政府做事的文人，所以當他出任北大代理校長期間，不錄用他眼中的漢奸，如周作人。傅斯年對於身處大位的孔祥熙與宋子文貪汙不適任，他不畏強權就是向當時政府蔣介石先生建言，並洋洋灑灑寫出宋子文的無能。孔祥熙下台了，宋子文也下台了；在他堅持讓有能力在高位上，是國家強盛之道，在他執掌校長期間，他說：

「總統介紹有問題的，我照樣可以開除。」

他為國舉才，不讓劣幣驅除良幣，背後就是一顆熾熱的心推動使然。在國共內戰，國民政府潰敗，他是隨身有安眠藥在衣服內，必要時以身殉國。直到妻子俞大彩知道此事，隨身在旁防止他做傻事，傅斯年才取消殉國的念頭。寫到這裡，思想五四運動這批知識分子，一身傲骨，對自己效忠對象，一片丹心，鞠躬盡瘁，思之憮然且敬重之。

傅斯年一生愛人。傅斯年9歲時，父親就去世了，由母親辛苦養大。他非常孝順母親，只要母親不滿意開罵時，他長跪不起直到母親氣消。傅斯年與陳寅恪是留學國外的同學朋友。在抗日期間，傅斯年與陳寅恪都是西南聯合大學的教授，傅斯年住宿舍2樓，在躲戰火空襲時，他會到3樓，牽著住在3樓的陳寅恪（眼睛不好）一起下樓，一起躲空襲。

他尊敬胡適，一生敬重胡適，傅斯年與胡適維持亦師亦友良好關係。胡適非常賞識這位愛他的學生，他曾稱讚自己學生傅斯年：

「人間一個最稀有的天才。他是最能辦事，最有組織才幹的天生領袖。」

傅斯年從學生到教書，都是領袖人物，是發號司令那位，永遠如清泉帶領眾水珠往前奔流，流到理想的新天地。

傅斯年在讀北大期間，他是學生的頭頭，對於當時很混，不學無術的老師，他會帶領同學將老師轟下台。當時胡適到北大教書，大約26歲，所講都是國外學風與自由主義，學生們都準備轟胡適下台。後來傅斯年去聽，覺得胡適老師是一流傑出的老師，他要同學們不要造次。由於他是學生的頭頭，一聲喝下，胡適老師安然在講台講課。這事，胡適在十多年過了，才明白這位學生是如此愛戴他。

傅斯年非常愛第二任妻子——俞大彩，即使在他們夫婦與母親居住其間，每次因母親暴躁個性，讓妻子受委曲，他會安慰自己的愛妻，讓愛妻心好受些。據說在他去世幾個月前，很努力寫作賺稿費，其目的要將稿費給太太；因爲他的太太從結婚以來，都跟他過苦日子，他希望賺稿費貼補家用。他騙太太寫稿是爲了買自己的冬天棉褲，讓太太放心，讓他熬夜寫作。直到他去世後，當董作賓將稿費交給俞大彩手中，把傅斯年寫稿是爲俞大彩寫，希望拿到稿費的俞大彩，日子過得寬鬆些的事對俞大彩說。**俞大彩聽了，熱淚盈眶，久久不已。**

以上是我對傅斯年這位五四青年，一生愛國愛人，追求獨立思考學術自由的教育家的偉大印象。當你下一次去台大時，走在寬廣耶林大道，聞到很自由的風，聽到鐘聲21響時，你會懷念這位第一任台大校長，他的文人風骨，鐫刻在台大的校訓上：敦品勵學，愛國愛人。你看著白雲，白雲蒼狗，你想起起蘇東坡的詩句：

「滾滾長江東逝水，浪花淘盡英雄。」

Chapter 9

台灣肝帝
——陳定信

我工作得很快樂，因為每天都有新的發現，都會學到新知識；也可以貢獻自己的智慧。

——陳定信。

我很喜歡寫成功人物，因爲人生有限，成功人物總在有限人生帶給人是冬日陽光的溫暖，散發無比影響力。陳定信是台灣「肝帝」，在一年前就寫了他一些傑出事蹟；由於自己沒有每天看報紙聽新聞習慣，今日才知這位台灣肝帝在今年6月24日因胰臟癌去世了，享年76歲（1943年7月6日至2020年6月24日）。我決定好好書寫台灣的肝帝。

蔡英文總統特別頒褒揚（2020/08/06），讚許陳定信院士：

「於公，我要謝謝陳定信院士貢獻專業，拯救了台灣無數『肝苦人』。」

「臺灣肝帝」陳定信，是鄉下小孩，在他讀臺大醫

學系四年級，父親陳炳沛因肝癌過世，讓他立下大志——研究肝炎這樣的國病，去拯救國人。爲了決定追隨「肝炎之父」宋瑞樓研究，在他醫學院畢業後，決定放棄開業醫師高收入的選擇，這個不太聰明的選擇，讓他必須兼差看病，才能買得起小孩的奶粉；而且又等了八年的漫長時光；才有正式的職位。家人曾開玩笑說：「怎會有像你這樣又窮又累的醫生？」這位又窮又累的醫生，後來的後來，成了海外學人與學生推崇敬重的標竿。我們現在將這位台灣肝帝——陳定信三道大光芒照亮世人描述如下：

傑出醫師科學家

身爲39歲就通過內科臨床教授升等，打破臺大醫院以往升等紀錄，49歲就成爲最年輕中央研究院院士，他擅長是「如何預防B型肝炎」，職業是醫師。

他以科學家的研究精神來研究自己的領域。「看哪，我要做一件新事，如今要發現。」（以賽亞書43：19）陳定信希望自己在醫學領域有新發現，帶領國人對抗肝癌，這就是科學家的態度。他樂在工作，每天都有可能新的發現。他說：

「我工作得很快樂，因爲每天都有新的發現，都會學到新知識；也可以貢獻自己的智慧。」

陳定信在太太許須美無怨地支持下，一心一意致力肝炎的研究。他秉持著「實驗室是病房的延伸」的精神做研究，他當醫生是爲了救更多人，不是要賺更多錢；這樣高貴的志向使他主動沒有「臺大教授每七年都有一年休假時光」，因爲他要做的事情太多了，研究是他的樂趣，就像藝術家從事創作長時間，卻不以爲苦，反而樂此不疲，每天於他都是充滿意義與挑戰，這樣專注與追求，又使他忘記了有休假這樣好康的事。陳定信說：

「做研究在精神上的滿足感，比物質更重要。」

水牛的勤奮與挫折容忍度

陳定信曾到日本進修時，常常研究到忘記吃飯這回事。實驗如果做太晚，趕不上最後一班車，乾脆就睡在實驗室，這個四個月的進修讓他足足瘦了八公斤。由此知他如牛般的拼勁，一定要在肝炎荒地犁出一片天來。

台灣水牛是以勤奮爲有名，在機器未發明出來，台灣農村之所以有豐收五穀新酒，都是台灣水牛吃苦耐勞耕耘出來的。陳定信在自己研究大地上，就是秉著鄉下水牛的精神往前邁進。陳定信每天待在實驗室十幾個小時，從不以爲苦，因爲科學界每天都有新的發現，要研究問題總是要細水慢流，才能有雲光的刹那領會。他說：「**如果你不做，別人就會先做，別的國家就會先做。**」就是這種使命感讓陳定信有水牛般勤奮做研究。

他上了所有的電視媒體與廣播，風塵僕僕推廣「新生兒要注射預防B型肝炎」，要讓新生兒有抗體，不再因B型肝炎成了肝癌。感謝肝帝，我的一雙兒女在出生時都注射預防B型肝炎，台灣所有家庭有新生兒都注射預防B型肝炎，這是多麼大的貢獻，健康的下一代都要感謝這位充滿仁德的好醫生。

其實研究是不易的，從無到有的研究結果是無數絞盡腦汁，忍受無比挫折的艱辛，就如水牛扛著豐收的重責，再多大重量與壓力，在烈陽下咬緊牙關往前走，直到大功告成，主人滿意牠的付出與傑出表現——這就是水牛的堅強挫折容忍度。我們閉著眼睛深思陳定信：研究上的挫折；後來又推行C型肝炎健保給付推動艱辛與人事處理的挫折等等，這都需要陳定信很大生命智慧與溝通協調力。當我們張開眼睛時，陳定信眼睛炯炯有神出現在眾人面前說：

「在挫折時，只要堅定自己的信心及核心價值，『放棄』這兩個字根本不存在。」

重視醫生的品德

陳定信研究進修如科學家打拼，很勤奮推動自己研究成果。陳定信是一位非常重視醫生的品德。他平時看病都堅持問診品質，每次看病人數不超過三十人，他表示自己信念：

「好醫師不只頭腦好，成績佳，更重要的是懂得關

懷病人。有很多病，關懷就是最好的治療。醫生工作是志業，不是職業。」

他這樣勉勵青年學子：

「人生不要太算計。人算不如天算，該做就做，該來的自然就會來。」

陳定信注重醫學院學生的品德，他希望醫學院學生除了是位有精湛的醫術來解除病人生病之苦，更要有一顆「仁心」對待病人，關懷病人。他的學生都記得老師額外的教導功課。**不只學生受到他「不要太算計」的精神，連他的女兒也深受影響。陳**定信的女兒陳韻如博士，深受父親這樣以研究爲志業的精神感召，成爲台灣研究失智者權威。

以上是我對陳定信身上散發出來三道光芒的輝煌看見。陳定信是台灣的肝帝，帶領台灣走出國病（肝）的陰影，推動新生兒的B型肝炎預防注射，並注重醫生品德教育，他一生以「醫師科學家」自居，以勤奮水牛精神研究爲樂，這是醫學界的太陽。我抬頭仰望這顆散發無比光芒太陽，正照耀台灣山河大地。

樂於奉獻所有在台灣——馬偕博士

我中心所愛的台灣啊
我把有生之年全獻給你
我的生趣在於此
我衷心難分難捨的台灣啊
我把有生之年全獻給你
我望穿雲霧看見群山
我從雲中的隙口俯視大地
遠眺波濤大海，遠眺彼方
——我喜歡在此遠眺
誠願我奉獻生涯終了時
在那大浪拍岸的聲響中
在那竹林搖曳的蔭影下
找到我的歸宿……

當你朗誦這首詩時，是不是被那股愛台灣澎湃深情所感動？這首詩是作者在57歲臨終時所寫的。詩的作者不是土生土長的台灣人，而是金髮藍眼睛的阿兜人——馬偕博士。一位外國阿兜把一生全奉獻在台灣，如泰戈爾詩人寫：「瀑布如此歌唱：『儘管斗升之水即能止渴，我卻樂於奉獻所有。』」馬偕博士的影響力不遜於任何台灣人，讀了本詩，實在大大點亮每位台灣人的心燈。

去年（2020年），帶師專同學（瀞寬／慧蓉／靜芬）拜訪淡水。首先參觀馬偕醫事館，淡水的長老教會。走過有西方建築風的淡水中學，眞理大學；我們四人都感受那股磅礴無形力量，尤其那天下著雨飄著風，望著淡水中學與眞理大學在風雨中屹立著，那樣昂然自信，有世界格局之姿，人類高尚精神的圖騰啊！我的3位好同學很喜歡我爲她們安排的行程，更加認識馬偕博士這個人與淡水濃濃西方文化之情。

馬偕博士在27歲就立下人生的目標：到中國宣教，後來一股無形力量帶他來台灣。馬偕博士於28歲（1872年）就到滬尾（淡水）進行傳道、醫療和教育，到57歲（1901年6月2日）去世，近30年歲月，樂於奉獻所有，對非自己國家——台灣做出巨大貢獻，培育各行各業優秀人才，至今148年過了，這份影響力仍然深遠延續著。

我在生老二面對難產大關，是在馬偕醫院遇到好醫師楊振銘手術搶救下，母子均安；所以馬偕醫院與楊醫師於我有救恩，對於馬偕醫院的前身創辦人馬偕博士，間接是於我有恩。由於馬偕博士的奉獻，引進西方技術，促進台灣醫療進步。在他主持下，救了多少人的生命，後來他去世了，淡水偕醫館移至台北成爲馬偕醫院。馬偕醫院秉著創辦人仁心仁術，爲北台灣做出醫療傑出的貢獻。

馬偕博士是加拿大人，他是受師範教育的，基督是他的信仰。在他的信仰中深深感受基督愛世人的心，要讓更多人認識基督，得著永生祝福，「我們應當彼此相愛。這就是你們從起初所聽見的命令。」（約翰一書3：11）愛是跨越國界的，哪裡有需要，愛應當流到需要之處，就像清泉應澆灌荒漠一樣，如神的話語成爲人心沙漠的甘霖。聖經鼓勵有愛的子民：「你們要往普天下傳福音給萬民聽。」所以，到海外宣教的心志就悄然種在年輕馬偕心田上。

「中國」閃進這位年輕人的心。「對！中國。中國人認識基督的人少之又少，我應該到福音沙漠的中國傳教，**我不去，誰去呢？**」所以27歲的年輕馬偕決定離開安全舒適圈，離開自己的祖國加拿大，志願到中國宣教，後來到台灣。當他到台灣是一位尚未結婚的單身青年，要面對一群語言不通，民間佛道信仰的異邦人，走在路上投來異樣眼光，叩門傳福音，是被吐口水被潑糞，被請走路的。眼前橫亙在這位年輕人是多大挑戰呀。

但這位28歲的年輕人抱著**「寧願燒盡，不願朽壞」的精神**，近30年吃盡各種常人不能吃的苦頭，忍辱負重辦教育，引進西方教育，開女子就學風氣。爲民眾看病，光是爲民衆拔牙就高達2萬1千多顆；也請外國醫生駐進滬尾偕醫館，爲生重病民衆診治。爲了改善農民生活，引進高麗菜，蘿蔔，紅蘿蔔，番茄，花椰菜，敏豆與甜菜等農產品，使農民有更多樣的生產品，帶來較好的收入。

他的教會曾經被毀，信徒被殺；他曾經居陋巷，他曾以淡水潮濕環境爲不適；他曾陷入死亡的絕境；在57歲得喉癌，飽受折磨……；**種種苦難，馬偕博士都堅強且信心面對，他說：「攏是爲基督。」**30年的刻苦銘心的奮鬥，不屈不撓，永不放棄台灣這塊福音土地，讓台灣人對馬偕博士敬佩精神油然而生。

終其馬偕博士偉大一生，帶給我們不少啟示與省思，茲分享兩點：

愛是跨越國界

人類的愛是無私，無國界的；馬偕博士是加拿大人，秉著聖經眞理教導：人類要彼此相愛，他回應聖經的教導，立志到未聽聞福音的海外異邦宣教。他奉獻所有，最好的青春歲月，最好的知識與訓練在台灣這塊土地上。在他近30年的台灣奉獻生涯，就是人類的大愛彰顯，在台灣設立教會60多所；受洗成爲基督徒大約3千多人。這份來自上帝的愛，拯救多少人的靈魂與生命，且培養多少人社會的菁英分子，而這份愛台灣的熱心，現在又薪傳下去。愛是奉獻是無私的；愛流通國與國之間。馬偕博士是外國阿兜（台語發音）卻奉獻台灣，埋骨台灣，在他身上就是一個愛跨越國界，令人感動的例子。

30年堅持到底，會開花結果實帶來影響力

馬偕博士以「攏是為基督」的座右銘，為廣傳福音堅持到底，這一堅持就是30年，不畏艱難，不畏挑戰，他學台語；他入境隨俗；他跋山涉水到台灣東西南北各角落講道；日日月月，歲歲年年只做一件事：攏是為基督來廣傳福音，給萬民聽。皮爾博士說：「如同穆罕默德曾云：『上帝會站在堅持到底的人那邊。』堅持到底是會有結果的。當每件事似乎不如意時，你該實行你正面思考力量，只要堅持到底，不斷嘗試，最後一定能達成目標。」馬偕博士30年堅持到底，多少當時台灣人蒙受恩惠恩澤，後裔的後裔（如我）仍受恩惠恩澤呢。

我很高興寫下我一直想寫馬偕博士，希望引起你我對偉大人物的共鳴。

Memo

要看人生的光明面
——皮爾博士

要學會相信自己。要常常告訴自己：我有潛能，能把事情做得很好。

——皮爾博士

皮爾博士對我影響很深。那一年，我失去自信，不再相信自己生命還有春天，我走路總是頭低低的。還好，喜歡閱讀的我，會找時間到圖書館看鼓舞自己的心靈書籍自救。就在圖書館的書堆中，瞥見皮爾博士的書，成了我另一扇窗的春天。

皮爾博士（1898-1993），享高壽95歲。他一生倡導積極思考，每個人要充滿自信主宰自己的人生；世人喜稱皮爾博士為「積極思想之父」。雖然我未見其本人，但他的人生觀：要看人生光明面，已成為我思考的那道光芒。一位牧師作家，在他去世後，仍廣泛影響人心激勵人心，多少人陰影的生命因皮爾博士的著作光明起來，這是真正成功，一位如光明燈塔的生命贏家。本文以第一人稱來書寫這位生命贏家。

我是諾曼・文森・皮爾（Norman Vincent Peale），出生一個牧師家庭。我從小長得瘦瘦小小，不如哥哥高大，牧師家庭收入不豐，所以，我一直有自卑情結。這個自卑情結讓我在衆人面前說話吞吞吐吐，家中有客人來訪，會跑去郊區逃避。直到我讀大學時，遇見我的良師，他的一番勉勵的話啟迪我，改變我自卑情結。我的大學良師對我這樣說：

「皮爾，我不知道你爲什麼不太敢表達自己的意見，看得出來，你缺乏自信，有些自卑。眞正做大事的人，要相信自己。靠著神加給你的力量，你凡事都能做。相信你可以做許多不可思議的事情，只要你相信自己做得到。皮爾，要看自己的優點喜歡自己，把自信吸進來，把害怕吐出去；你會是受大家歡迎的人。」

我的大學良師最後還在我的胸膛，輕輕打一下：「你做得到，我對你有信心。」

我聽完這位大學良師的一番話，我對上帝做禱告：

「神啊！你會改變賭徒或酗酒人的命運，那麼你也改變自卑的我，讓我對自己充滿信心。」

感謝我的良師，感謝我的神，當我決心改變怯懦的自己，我眞慢慢的改變了，漸漸我的同學都看出來，我越來越活潑越活躍，展現自己的優勢一面。

後來我大學、碩士畢業，做一年新聞工作後，我決定如我的父親一樣，當牧師，我拿到神學博士學位。由於我自己本身的成長經驗，在我當牧師期間，凡所有垂頭喪氣，對自己問題不知道如何是好，或犯很多錯向我請教，我也會如我的良師開導我，開導他們：

「要學會相信自己。要常常告訴自己：我有潛能，能把事情做得很好。想像你自己是一個有價值的人，是一位天生擅長處理問題的高手；一個迷人和被讚賞的人。凡你想像的，你必能如願。」

我是位牧師，常常有年輕朋友問我：「有沒有神？」我都肯定回答：「我相信這宇宙有位主宰萬物的神。」記得有一位年輕朋友不滿意我的回答，他根本不相信有神，但他生活一片混亂無章，對自己未來無所適從。當他從我的門走出去，他走在街道上，可能有受到我話語的影響，他自己生平第一次做這樣禱告：

「如果真的有神，請讓我感受到：有神。」

不可思議的是，這位年輕做完禱告沒多久後，他心裡有股暖流從心田油然升起，他的眼睛看見的街道是那樣璀璨富麗，彷彿他走在光明大道上。他很振奮再跑回來問我，那是怎樣一回事。我告訴他：

「你遇見神。」

很多人不相信有永生，我卻深信有永生。我認爲人生是一個旅程，走完這個旅程，生命結束，新的生命也開啟了。一個美國企業家曾經問我：「有沒有永生？」那天參加這位有名企業家的盛宴，在場都是在美國社會有名望的人。我在眾人眼目下，依然非常肯定說：

「我深深相信有『永生』。即使總統問我，我依然如此告訴總統有『永生』。死亡後是新生命的開始。有一天，我們都會在天上美好地方相會。」

那位很令人尊敬企業家，很安靜聽我說話，微笑著。3天後，他去世了，我也深信：有一天我會與他在天上相會聊天。

一位對自己外表很不滿意的女孩向我表示：她的自我形象很差，她很自卑。我告訴她：

「你是神所創造的。神絕對不會創造壞東西；神創造的東西都是傑出的，所以我是傑出的，請對自己說：『我是神所創造的，無論發生什麼事，都不會失敗。』」

這位女生後來試著我的作法，效果真的有驚人的表現，她已經喜歡自己相信自己了。

在我的著作或演講都闡揚一個生命的真理：

「惟喜愛耶和華律法，晝夜思想，這人便為有福。」（詩篇1：2）你是神創造的，你很傑出；你有潛能，一定能把事情做好。人一定要看人生的光明面，根據「物以類聚」法則，積極的思考，那麼圍繞他的世界也會光明起來。你一定要將「不可能」拋諸腦後，只要你敢想你就行。

美國華狄斯奈樂園，肯德炸雞爺爺都在自己的生命締造奇蹟，他們將「不可能」三個字從人生字典中剔除。「如果我像一粒芥菜種子一樣有信心，沒有什麼事可以難倒我」，將這句話深印在你腦中；每天生活以這句話爲依歸，如此你一定能成功，締造生命奇蹟。

我當牧師有50年以上，寫著作有40多本，我與太太露絲辦《標竿雜誌》有450萬冊，我獲得雷根總統頒給我的榮譽獎章。我這一生如此光明，主要是我都看人生光明面，不去看人世黑暗面。就像我對一位曾犯錯的律師說：

「逝者如斯夫。生命中犯了錯，做的蠢事，都如橋下的流水，稍縱卽逝。**對於曾經犯大錯的人，不用失敗來質疑自己**，最重要的是從中找回自我，找到自己後，重新再開始相信自己。當你這樣做，機會就會隨之而來。眞正成功的人，是能從錯誤中學習新的方法，重新整頓自己後再出發。」

人生有光明也有黑暗；人性有光明也有黑暗。如人性哲學家柏拉圖說：「主宰你的思想，你可以用它們去做想做的事。」很多人問我：「如何邁向成功？」我回顧自己一路走過牧師，作家，演講家及總統的顧問，我的回答：

「邁向成功是要讓自己時時保持前進。一個目標完成了，再樹立一個新的目標，不斷前進，就如一位94歲的老人仍在計畫他的美妙未來。我個人邁向成功的三大步：

1. 定下目標。

2. 定下時間、持守信念。

3. 像牛一樣努力工作。

我（皮爾博士），這一生對於個人的潛能及人類能改變自己的無限可能性，深深地著迷。現在我要鼓勵你：一個人想要成功與幸福，個性一定要樂觀，眼睛要看人生的光明面；相信神，相信自己。你要時刻保持前進，去激盪出生命無限可能，創造屬於自己的成功故事。」

以上是對皮爾博士的光明面描述。讀者可以多多閱讀這位提倡人生光明面的作家的著作，相信會鼓勵你的，對你人生有幫助。長期以來，我是深受皮爾博士影響，視皮爾博士爲我心靈的兄長，一個好朋友；常常閱讀他的書，傾聽他的光明話語爲前進的力量。

新冠肺炎現在在台灣上空，形成一片烏雲，籠罩人心。讓我們如皮爾博士相信宇宙間有偉大的神，我們爲台灣平安禱告，偉大的神必垂聽應許。我們都是神創造的優秀份子，充滿傑出（皮爾博士如此說）；在這波嚴峻疫情中，你心充滿盼望，你遵守該遵守的規定，盡一份國民應盡的義務。請此刻的你，保持自信，雖宅在家，宅在某處，你堅定打開信心的眼睛，看台灣會打敗新冠肺炎的光明面。

皮爾博士說：「只要你敢想你就行。」請相信你是人生危機中的贏家；你也起來祝福台灣：台灣在這波新冠危機中，一定會成爲贏家。

活出生命意義——維克多・法蘭克

創作、工作與愛人都是很棒的生活價值。

——維克多・法蘭克

「生命有何意義？」

「你爲什麼不自殺？」

「你爲什麼活著？」

這是心理學家維克多・法蘭克（Victor Frankle）最愛問人的三大問題。爲什麼法蘭克提倡生命意義治療法，爲什麼他愛問這三個問題？現在我們先了解法蘭克這個人。

法維克多・法蘭克（Victor Frankl），1905年出生維也納的猶太人。他是維也納醫學博士。在第二次世界大戰，因希特勒仇視猶太人，凡德國占領的國家，所有猶太人被送到集中營。據統計死於希特勒滅猶計畫的猶太人，超過五百萬人。由於法蘭克是猶太人，他與父母、哥哥，新婚不久的太太分別送去不同的集中營，過著被迫分離的非人生活；他能活著出來，是少數倖存的奇蹟。

法蘭克在集中營3年。他目睹到一個個難友從眼前消失，他們不是死於牢營，就是煤氣間。當他被關進集中營時，聽到很多人都有自殺的念頭，因爲集中營的管理，使你失去尊嚴及自主權；一切都被嚴格控制，剝奪你所有仰賴衣物、書籍與娛樂；每天面對是生活無比的壓榨與逼迫。在一次身體逼迫中，法蘭克忽然靈光一現：集中營桎梏我的身驅，但卻桎梏不了我的心靈，我的靈裡是自由，靈裡是一片希望。

人在集中營不但痛苦且不自由，法蘭克在體會「靈裡自由」後，對生活的苦難得以舒解。一次女難友對法蘭克說出她的心情故事：

「我慶幸命運給我這麼重的打擊，過去我養尊處優慣了，從來不把精神的成就當一回事」，她繼續說道：

「窗外那棵樹是我孤獨時唯一的朋友，我經常對那棵樹說話。那棵樹也會告訴我，在窗外那兒，它就是生命，它就是永恆的生命。」

法蘭克真誠分享自己有關心靈昇華與靈性自由，來超越集中營逼迫困境的體悟，鼓勵這位女難友。不久後，女難友過世了，法蘭克相信她必回到天父的懷抱。

「你爲什麼不自殺？」這個問題不只拿來問別人，也問自己：

「我此時在集中營活著有什麼意義？」因爲在集中營

人如螞蟻被踐踏。

「我要勇敢活著。我要活著見到自己的父母、妻子與哥哥。」

「我要活著寫書，之前的親筆完成著作已被銷毀了。」

「我要活著是爲天父做見證。」

「就是這三種理由，使我無論如何都願意承擔集中營所有不人道的措施。」他如此說。

因爲他找到生命意義了，所以自己選擇勇敢活在恐怖如地獄的集中營，他不會像其他難友死於自殺。苦難還是有盡頭的，1945年，德國戰敗了，他幸運被釋放出來。「此身雖在堪驚」，他釋放出去後，才知道摯愛父母、哥哥與妻子都死在集中營。只剩唯一親妹妹在澳洲。他傷心之餘，想到自己當時在集中營活著意義，他知道餘生生命意義：是要讓世人知曉生命的意義。

法蘭克以40歲高齡再進入大學研讀哲學，43歲拿到哲學博士學位。之後他風塵僕僕演講，分享他在集中營苦難的經驗，他大力宣導：「每個人須爲自己生命找到意義。」

他愛引用尼采的話：

「懂得為何而活的人，才能如何承受痛苦。」

人活著是爲愛，爲工作，爲眞理。人生如果是一場戲，喜劇有喜劇的美好意義；悲劇中仍有受苦意義。人生如沒有痛苦和死亡，人的生命就不完整。法蘭克後來成為精神科的醫生。他鼓勵自己病人：

※以靈的高度自由超越現在困境。

※每個人的出生都是被祝福，尋找自己生命意義。

※創作、工作與愛人都是很棒的生活價值。

苦難成就法蘭克（1905-1997）一生生命意義，在集中營3年悲慘經歷，他發現尋找活下去偉大理由，是人生特別重要課題。「懂得為何而活的人，才能如何承受痛苦」，不管現在你正處在怎樣光景，再差也不會像法克蘭集中營的可怕；請找個時間，靜下來問問自己：「我活著目的究竟是什麼？生命究竟對我有何意義？」

所有苦難對生命有更深沉的意義。維克多．法蘭克歷經集中營的苦難，身為精神科醫生的他，留在維也納幫助因納粹統治心靈有陰影的人。去幫助別人活出生命意義，成為法蘭克的生命意義。當他找到生命意義後，去補足集中營那三年所帶來巨大的傷口，更完整自己的生命圓。八十歲的法蘭克還去攀岩，學習各樣的新事物，生命的喜悅與新奇時刻充滿心靈，直到92歲回天家。

當你很徬徨很絕望時，請以維克多．法蘭克為學習榜樣，活著就是要創作；活著就是要愛人；活著就是要好好工作；活著就是要學習各樣有趣好玩的事。生命是充滿意義的，有價值的，充滿喜悅與平安。

最後以〈生命意義對我說〉小詩，祝福你找到屬於你的生命意義。

〈生命意義對我說〉

生命意義究竟是什麼
在沙漠尋清泉
在曠野找出路
我苦苦尋找

生命意義究竟是什麼
答案啊答案
在暮色風中
一隻老鷹飛在蒼茫天空

在微微光中彷彿聽到
生命意義對我說
愛自己愛家人
愛生活愛工作照亮地球

史上億萬富翁寫家書
——洛克菲勒

我從小就被教導既要娛樂也要工作，
我的人生就是一個悠長，愉快的假期；
全力工作，盡情玩樂，
我在旅途上放下了一切憂愁，
而上帝每天都善待著我。

——約翰・D・洛克菲勒（John D. Rockler）
美國史上有名富豪

約翰・D・洛克菲勒（John D. Rockler）是美國著名的石油大王，在他的一生98年（1839-1937）裡，他從一名窮小子勤勉奮鬥，建立一個在他時代最富有的帝國事業。除了創建他富有帝國事業外，還造福千萬就業機會，且投入世界慈善事業，包括創辦中國的北京協和醫院。他的一生任務就是改變貧窮命運，並要成爲世上的鹽；世上光。

多少富豪有錢了，三妻六妾；多少富豪的兒子將父母輩的遺產敗光；多少富豪兒女染上毒品酒精；多少富豪富不過三代，子孫潦倒失敗，爲什麼？因爲富豪本身沒注重傳承，做人處事道理沒有傳承；成功經驗沒有傳承；所以，據統計富三代只有占17%；由此可見，洛克菲勒家族已經富六代，寫下美國富豪家族輝煌一頁。

約翰‧D‧洛克菲勒（John D. Rockler）深知人生智慧傳承的重要，所以他不管事業多忙，都要回歸家庭，陪伴小孩子的成長；並空出時間，寫家書給他的兒子約翰，女兒伊莉莎白；洛克菲勒以聖經所說：「祂必使父親的心轉向兒女，兒女的心轉向父親，免得我來咒詛遍地。」一個父親對兒女有眞理教導責任，免得沉淪的兒女成爲社會的負擔。

約翰‧D‧洛克菲勒（John D. Rockler）的家書造就洛克菲勒家族橫跨三個世紀的「富七代」，洛克家族資產是全球首富的六倍；由於秉承老洛克菲勒家書的精神，其家族的子孫都在美國社會做出傑出貢獻，且崇尚家庭倫理與慈善事業，在美國富豪成了一股源遠流長的清流；帶動美國社會繁榮進步且生養衆多，生生不息。

當兒子上大學那一年，做媽媽的我到書店買一本《洛克菲勒給子女的一生忠告》作爲兒子上大學禮物。《洛克菲勒給子女一生忠告》是筆者非常喜歡的書，常反覆閱讀咀嚼，希望自己與兒女都能從中得到財富上與精神智慧。茲從幾方面來說明洛克菲勒的家書：

勤奮出貴族

洛克菲勒曾對兒子約翰說：

「勤奮出貴族。我們沒有權利當窮人。爸爸在小時候，穿的是破衣爛衫，家境貧寒要靠好心人來救濟。**我立志要當有錢人，改善家庭的經濟**。我曾當簿計人員，但我以最好方法去做它。約翰，我今天的顯赫地位，鉅額的財富不過是我付出比常人多得多的勞動和創造換來的。

財富是意外之物，是勤奮工作的附贈品。約翰，爸爸原本出身貧窮，只是一位普通人，但我以堅強的毅力，勤奮的耕耘；視工作爲樂趣；完全投入正在做的事且專心致志；出色完成該完成的工作；終於成功了，擁有龐大的財富帝國。所以，在職場上常混水摸魚的人，得到只是一種空虛，其結果沒有任何好處。

一位不想去努力的懶漢，絕對不值得人尊敬。你的祖母當年每週工作80小時，因她想的完全和古羅馬詩人賀拉斯所說的一樣：**『如果不努力，人就不可能從人生中獲得東西。』**勤奮沒有替代品。勤奮的回報中包括精神方面的喜悅，因爲在這個世界上開闢自己的道路而感到自豪而喜悅。」

出身貧窮的洛克菲勒，在當學生時代因穿衣服破舊被到校爲全班照相攝影師，要求小洛克菲勒出局，以免破壞同學都穿體面衣服的畫面。這個羞羞事件成爲洛克菲勒立志成爲有錢人的關鍵點。所以小小洛克菲勒就以勤奮爲工作態度，非常認眞把每件事做得盡善盡美；勤奮是他一生奉爲圭臬，也是他在家書中諄諄教誨兒女的家訓。

婚姻是人生很重要投資

洛克菲勒雖是億萬富豪，他不搞外遇小三，或三妻六妾；洛克菲勒非常崇尚家庭價值，他愛妻愛小孩，從他願意寫家書就可以知道他是多麼重視一位父親角色。

洛克菲勒在寫給女兒伊莉莎白與兒子約翰家書說：

「婚姻是人生重要的投資，從一位從商者的角度來思考。婚姻是本身將自己投入一項重要的支柱，其積極作用是無法測量的。另一方面，**不幸婚姻所招致的損失，同樣深不可測。**

約翰，對於未來妻子，你要選擇人品好的女性。對於性格貪婪、長舌婦、嫉妒心太強的女性要遠離。一旦結婚，信守諾言長長久久。「分手離婚」這個詞在你心中，在你的字典裡要永久刪除。

在婚姻中，過度男權和女權主義都應該摒棄；用心面對平平淡淡的婚姻生活。一對好伴侶有緊急和特殊情況時，一人不惜負擔起兩人的責任，這個時候一般彼此都無條件地樂意代勞，這就是同甘共苦，所謂婚姻生活就是這回事。

即使要勤奮工作，也要給予家庭時間。在新婚期間，約翰，不要冷落妻子在家。當新婚蜜月假期後，工作不要過於繁重，要常常回家吃晚餐。我和你媽媽算是恩愛夫妻，雖然失去熱戀時的激情，卻甘於平平淡淡的婚姻生活，經營家庭。我們相互依靠和容忍對方的缺點，深愛對方，一起分享生活。

婚姻讓我們成了父母。為人父母是天賜特權，是最高的地位。然而，有時也做比任何職業都更頑強工作。伊莉莎白，當你為人母時，你可以中斷幾年，親自撫育孩子，等到孩子學齡期再恢復工作。」

中國古人云：「齊家治國平天下。」洛克菲勒本身非常看重婚姻價值，要他的兒女不要離婚，好好經營看似平淡婚姻生活，注重孩子的陪伴教導。洛克菲勒以愛為榜樣，以身作則愛妻子與兒女，從來沒有犯所有天下男人易犯外遇的罪，力行家庭婚姻的責任，同時樹立一個偉大父親的形象，將這個重視婚姻投資價值為傳家之寶。所以，洛克家族至今有200位健在，人丁興旺且人才輩出，都是美國與世界的傑出貢獻者。

遠離毒品酒精與跳舞

洛克菲勒諄諄教誨小約翰要遠離毒品與酒精；且過於親密的跳舞也是家族不允許的。洛克菲勒家族沒有舞廳和酒吧。

洛克菲勒在寫給兒子小約翰的家書說：

「毒品和酒精根本無法擴展你的胸懷和氣概。你們要知道，比我們更出色的人也曾因不能擺脫這兩個夢魘而導致毀滅。人常常因一瞬間的愚蠢，招來想不到的後果。

我年輕時有許多吸毒朋友。那時他們總是說毒品使他們生活從黑白變成彩色；甚至慫恿我嘗試。但我拒絕了。毒品與酒精並不能給你更多，它們只是使你們更遠離生活，接近不眞實的幻想。

酗酒與毒品都是戕害身體，浪費金錢；算是墮落者，人們對於墮落者很難給予尊敬。爲了避免酗酒與染毒的可恥行爲，其預防的辦法就是要充分考慮你的行爲可能會給家庭內部帶來痛苦，狼狽和不光彩，以及造成司法事件的嚴重後果。」

以上洛克菲勒家書帶給我們很多警醒與警惕，我們知道多少演藝界因吸毒毀了大好演藝事業。多少富豪的子女因染毒與酗酒無法承擔家族事業，讓龐大財富家族很快散盡了，成爲敗家子。老洛克菲勒有先見之明，智慧看見酒精與毒品的危害，要子女一定要遠離二者，甚至不要上舞廳跳舞，擺脫一切性慾的誘惑。

洛克菲勒以聖經的眞理教導孩子，要兒女敬虔度日愛上帝，不沉淪世俗情慾。毒品與酒精都是魔鬼的詭計，不能全心全意在工作與家庭，唯遠離毒品與酒精是上策。

遵守十一奉獻精神

洛克菲勒的母親阿萊扎是位很虔誠愛主的基督徒，在世給予洛克菲勒的教導：要十一奉獻，將工作所得的十分之一要捐獻出來，資助教會及教會相關的活動。洛克菲勒家族，向來以自己母親遵守聖經的十一奉獻爲家族的教導。聖經云：「萬軍之耶和華說：『你們要將當納的十分之一，全然送入倉庫，使我家有糧，以此試試我，是否爲你們敞開天上的窗戶，傾福與你們，甚至無處可容。』」十一奉獻向來洛克菲勒家族每位成員要履行的，他們被教導，十一奉獻的人，上帝傾福與你們，祝福滿滿。

洛克菲勒本身很節儉，謹守十一奉獻；不過窮苦出身的他，對於金錢很看重，要他大量鉅額做世界慈善事業，還是有所保留。直到49歲那年，他改變對財富的態度。洛克菲勒在49歲那年得了一個連醫生都無法醫治的重病。一個好友建議不久人世的他，倒不如捐出大量金錢做慈善事業。洛克菲勒自己認同這個做法，就投入巨額做慈善事業。或許洛克菲勒慷慨於慈善事業感動上帝，他的難醫治的重病，竟變輕病，後來奇蹟康復了。不只康復，洛克菲勒多活另一個49年歲，直到98歲去世。

洛克菲勒除了十一奉獻外，他額外再捐出很大財富在有需要的慈善事業，他創辦芝加哥大學與洛克菲勒大學。芝加哥大學現在是美國的名校；洛克菲勒大學專注醫學與生物的研究，已培養超過38位諾貝爾獎的研究者。約翰·洛克菲勒在家書說：

「巨大財富帶來巨大的責任。我肩負著造福人類的使命。小約翰，我們是有錢，但在任何時候，我們都不該肆意亂花錢；我們的錢只該用在爲人類創造價值的地方。

成功理財是建立在勤儉上，你們都要養成記帳的習慣。過度將大錢用在公關社交上，顯示公司經濟繁榮固然重要；而做出浪費金錢奢侈豪華的愚人之舉則極不可取。和周圍人攀比的結果是，開銷越來越大，存款就越來越少。我們必須確實控制自己對奢華經濟的慾望。」

縱觀洛克菲勒一生都捐出超過十分之一奉獻，是位窺見上帝祝福原則祕密的人。他的兒子小約翰，孫子戴維都是秉持老克菲勒家書眞理教導，將大量的金錢投入各領域慈善事業；文化、藝術，醫學生物與世貿中心，都有家族的捐獻。

世界排行榜有名富豪的洛克菲勒家族的六代子孫從不爭產，對簿公堂，他們持守十一奉獻，他們只是財富管理者與交託者，財富不屬於你個人，要當智慧好管家，將金錢用在創造人類幸福與進步地方。

我個人已經將洛克菲勒所寫家書，成爲我教導我家兒女的好書；同時老洛克菲勒寫家書愛家注重經驗傳承的精神，也啟迪我這位母親寫信給我兩位已經大學畢業的女兒與兒子。洛克菲勒的生命哲學，其所追求生命境界——**「千金萬財轉眼空，浮華易老；唯精神與德行能世代流傳」**，是吾輩值得學習。

人生就是幫助別人——單國璽神父

我發揮的愛越多，人生就活得越徹底。

——單國璽神父

他在84歲那一年，剛從服務的工作退休後，就發現自己得了醫師眼中很難纏的大病——肺腺癌。從醫師口中得知自己是癌症病患，且來日不多；剛開始問天主：「爲什麼是我？」

「爲什麼是我？」一向不抽菸不喝酒的正直愛服務的人，卻不受天主保護照顧，得了被醫師宣判活不到半年的大病，每個人都會第一時間反問慈愛天主，我哪裡做錯，爲什麼是我？

後來，他轉念了：

「爲什麼不是我？現在我老了又生病，所剩時間不多，我要將年老且生病這個災禍化爲特恩，起身到學校、醫院、監獄與邀請我的公衆場所，去演講生命的眞諦，人生就是愛。人的疾病與死亡是彰顯天主永恆的生命與幸福；要將愛的福音種子撒遍全台灣，這就是我生命告別之旅。」

他就是單國璽神父。單國璽神父偉大之處，在一般人面對又老又生病的痛苦之境，會怨天尤人，會在家唉聲嘆氣；甚至每天活在死亡恐懼當中；但是這位一生以「犧牲享受，享受犧牲」爲座右銘的神父，勇於面對將死亡的現實，要發揮餘生的價值，每天分秒必爭，以有限時間去到處演講，讓更多人去了解自己活著意義與眞諦——成己達人，卽中國古人所說己立立人，己達達人。

84歲的單國璽神父對死亡的豁達與看淡與無所畏懼，且還去做有意義的演講，有空還寫作，書寫向生命告別的生命教育。這樣不擔憂死亡的來臨，反而感動上天，讓他多活了5年，直到90歲去世。

當你讀到這裡，是不是對單國璽神父致敬——這位用一輩子的時間將愛活出來，且做生命見證：**人不要活在死亡恐懼中，心中有愛的人無敵**；心中有愛的人，會將各種患難與疾病當作伴侶，去祝福別人。只要活著的一天，就是要勇敢擁抱自己與擁抱別人。在單國璽去世前五日，還忍著氣切之苦，向愛他的人揮手無言問候。

單國璽是家中獨子，有兩位姐姐，從小備受寵愛。年幼的他，想當醫生去幫助病患救人；青年時，想當水利工程師去幫助廣大窮困的農民。但在中學畢業時，反而想效法小學老師——匈牙利籍的隆其化神父，學習當一位完全奉獻自己，為他人服務的大愛精神。

年輕的單國璽親眼看見這位外國的阿兜——隆其化神父，在中日戰爭時，為了保護逃難到天主教會庭院內三千多名婦女、小孩的性命，無所畏懼站在門口與凶暴日本兵溝通再溝通，他那種仁愛的胸懷終於感動且阻止日本士兵要進入教會傷害婦女與兒童；終於化解三千多名婦女與小孩的死亡危機。

除此以外，單國璽看見隆其化神父在連年飢荒的時候，將自己的一份粗糧切成數份和飢民分食。在盜匪橫行偏遠地區，不顧安危帶著藥箱去照顧生病的人。歸途時被盜匪撥去禦寒的衣物，身體受冷受凍，很狼狽不堪地回到城內的家。

這位阿兜神父，同時是他的小學老師——隆其化神父的大愛情操，深刻影響單國璽的一生思維。所以，一個人的偉大往往是心中有個偉大人的精神為崇高力量，推動他的往後人生。隆其化神父善哉，偉哉，他將愛人如己的精神傳承於單國璽。

單國璽生於1923年12月2日河北省濮陽縣，是家中獨生子，上有兩位姐姐。以中國人傳統倫理，理應找工作養家活口結婚生子，好好孝順父母，讓父母三代或五代同堂養老。但在他23歲（1946年）就決定一生當神父的路。雖然單國璽父母有天主教的信仰，非常尊敬神父以人生就是愛的精神，心中還是捨不得獨生子走上神父這條路，因為那是完全犧牲奉獻艱辛的一條路啊！一向奉行主耶穌愛人的他們，在天人情感交戰下，看見家中獨生子要當神父的心思意念很堅定，決定割捨親情小愛，同意獨生子的人生抉擇：捨小愛，愛更多廣大的人民。

在1946年的8月15日，就是單國璽告別父母的大日子，單國璽父親心難過沒有去送行，只有慈愛的母親與貼心兩位姐姐紅著雙眼，親切叮嚀單國璽，放心去服務他人，他們會照顧好自己。「風蕭蕭兮，八月的風知情吹著」，世間最難捨就是親情，尤其在烽火連天的戰亂裡，這一別不知何日再相見。

沒想到這一別是訣別，連相見機會都沒有。單國璽父母、姐姐與單國璽都期待再相見團聚美好時刻，但這個心願完全落空。

單國璽1946年8月15日，23歲告別父母之後，到90歲（2012年）再也無顏見到父母最後一面。由於海峽兩岸政治對立，兩岸無法自由往來。後來雖然開放省親，當單國璽神父再回到家鄉，父母早已死於文革了。這是六十多年，他心中不捨與痛，常常午夜思親，大時代兒女對父母的深深愧疚。歷經國共戰亂，輾轉到台灣，血液流著父母正直愛護窮人的悲天憫人細胞，及耶穌被釘十字架要救贖全人類的犧牲，時時砥礪自己要如父母愛窮人，要讓更多有需要人得幫助，自立立人，己達達人。

「划到生命水深處」，單國璽自從決定當愛人的神父，歷經超過20年進德修業學習，1955年在羅馬拿到神學博士學位，走上教育的服務。他秉著愛，看重手中所有教育人的工作，以全人教育（知識好且品德好）的信念來辦學，培育無數優秀醫生，水利工程師與各行各樣的菁英，成爲一位讓人敬重春風桃李的教育家，獲頒台灣傑出的教育家（1975年）。單國璽當過徐匯中學六年的校長；光啟社社長；輔仁大學的董事長；四度當選台灣地區主教團的主席。他做事理念：划到生命深處，好還要更好。單國璽神父說：

「**不論是否專業及喜好的工作職位，我都將其視爲爲他人犧牲服務的好機會，以我的人生思維全力以赴，努力盡量將委託給我的職位做得盡善盡美。**我所喜好和專業性的，當然做起來，覺得得心應手，事半功倍。非我專業及非我所喜愛的工作與職務，做起來備感吃力，但我會加倍努力，最後都能夠勝任愉快。我會加倍努力的做事態度，就是追求好了，更好，將每件事划到生命深處，就會捕獲魚群。我一生所做教育事業，要將人最高貴的天賦，最雄厚的潛能，最優良良品質都一一導引出來。」

單國璽說：「化解台灣的亂象需要敬天的七倫。」他提倡第七倫。他深感台灣在十大建設，經濟起飛了，物質豐富了，生活富裕了，然而人心空虛，美好崇高人性與敬天精神都漸漸喪失了，一些亂象也因此孳生。善國璽說：

「第七倫就是人與上天的直面關係之規範。如果人相信「上天」主宰一切，給人類制定了倫常和萬物運行的規則，並將倫常的道德律深刻於人心，人只要按照良心待人接物就是一個完人，就可以得善報，否則就要受惡報。」

筆者非常同意善國璽所提倡的「第七倫」，這「第七倫」就是中國人常引用說給人聽：

「每個人頭上三尺有神明，人在做，天在看：宇宙間無形中有一個崇高的力量在審判善惡，善有善報，惡有惡報，不是不報，是時機未到。」

因爲敬天，有公義審判在心，成了維繫人間善良的運作，萬物生生不息。放眼天下，很多平凡老百姓、知識分子、富商與大官，表面正直正派，暗地卻做盡不少的壞事，自私自利；爲什麼會如此呢？就是他們心中的第七倫力量不見了，以致無法約束自己。

單國璽的小學老師——那位匈牙利籍的阿兜；單國璽的父母，單國璽本人都相信第七倫，所以一生願意割捨「小愛」，學上天的大愛胸襟，更多需要幫助的人，相信有一天回到天上的家，是會得到永恆的獎賞。

如果你目前生大病；或生大病雖好了，恐懼復發，你就像單國璽學習無所畏懼，珍惜眼前活著一天，勇敢去做想做的事；不是活在恐懼中。如果你現在是工作者，向單國璽學著好還要好，划向深處的精神，不管做專業或非專業的工作，都以服務爲前提，最後勝任愉快，收穫滿溢。如果你現在內心很空虛，每天無所事事，向單國璽學習卽使84歲得了肺腺癌，不願意在家等死，你出來當志工或再工作或培養興趣，不要一天過一天浪費寶貴生命。對不起自己，對不起父母，對不起上天。

若你很久未讀一本勵志書籍，就該買單國璽所寫《生命告別之旅》與林保寶編著《划到生命深處》——單國璽的奇蹟九十，好好閱讀一番，你會被一位以「一生就是愛」爲人生最高追求，活出生命的典範所感動，進而去探討自己的生命問題，帶來深刻反省。當你因單國璽的愛所感動，這就是生命提昇生命，你的改變會將愛再傳遞出去，你好，別人也好，整個人間日趨美好，連上天坐在天庭微笑著。

滿滿祝福你：愛自己生命，珍惜時間努力活著，人生就是幫助別人，每天有意義活著發光。

2022/07/08

戰勝憂慮的心靈導師——戴爾．卡內基

將負面影響轉變成正面積極力量。

若命運只給我們一顆檸檬，我們就試著做一杯檸檬汁吧。

——戴爾．卡內基

我是戴爾．卡內基（Dail Carnegie），出生1888年11月24日。我的父母經營一個小農場，收入菲薄，物質缺乏。我的長相相當平庸，加上一對又大又寬的耳朵，從小會因家裡貧窮與自己奇特耳朵而自卑。

我常常莫名憂慮，擔心自己會不會有意外，活不久；會不會娶不到老婆。我出身那麼貧窮，將來會不會有出路。各樣憂慮襲上心頭，讓自己活得很拘謹放不開。尤其在面對失戀2次；參加學校演講12次都失敗；師範院校畢業後，當一名銷售成績掛尾的銷售員；瘸腳不受重用的演員；住在都是蟑螂的小屋；到法國花2年時間寫長篇小說，不受青睞無法出版及成年後的將近11年婚姻，最後以離婚收場……；種種環境遭遇都讓我差點要自殺，產生對自己懷疑與對未來的恐懼。

我感謝自己勇敢面對自身的弱點，願意以自己優點去開創自己的未來。當我演講失敗12次後，認真改進自己在演講上的缺失，增進演講的技巧與聲調；在第13次，皇天不負苦心人，終於榮獲冠軍。我的演講稿至今仍保存在母校華倫堡師範學院。

既然長篇小說不是我擅長的，那麼就寫生活實用的文章：如何戰勝憂慮；如何在公衆演講與如何贏得友誼等等題材。我白日寫作，晚上開辦夜間成人教育課程。當我白日寫作作爲成人教育的教材，這些實用文章後來出版了，成爲暢銷書。優渥版稅使我從窮小子，蛻變爲百萬富有的人。

雖然將近11年婚姻結束了，我沒有懷憂喪志，對愛情失望，後來我遇見支持我愛我的伴侶姚樂絲，是我事業合伙人，在我63歲那年，爲我生了一個女兒唐娜。甜蜜愛情與女兒雖然來得晚，但我仍充滿感恩感謝。

有一次諾曼．文森．皮爾博士邀我演講，分享我個人成功學，在演講講台上，回憶過去種種不順的情節，及成長歲月莫名其妙的憂慮，差點自殺……；我的聲音是哽咽，心是落淚的。

因爲自己走過憂慮，從種種失敗中受益，我總是慷慨分享我的個人成功學：發揮自己的優點，改進自身的弱點，珍惜每天加倍努力增進自己的價值，生命的奇蹟就會降臨，你就開啟成功之門。

美國前總統約翰·甘迺迪稱讚我：

「卡內基留給我們的，不僅僅是幾本書和一所學校。其眞正價值是他把個人成功技巧傳授了每一個嚮往成功的年輕人。」

我分享如何戰勝憂慮，是我結合無數成功人物眞實經歷，獲得的結果。當你莫名其妙憂慮，甚至得了憂鬱症，有自殺念頭……，你要怎麼辦？以下三點，是我眞摯的建議：

活在今日艙

聖經說：「所以，不要為明天憂慮，因為明天自有明天的憂慮，一天難處一天當就夠了。」（馬太福音6：32）過去的你，曾經做過不少蠢事傻事，那就讓它們消逝吧，如一江春水向東流，不要讓過去影響現在的你。你要與你過去斷交，埋葬那些會把傻子引上死亡之路的昨天。不要想明天如何，人類自我救贖的日子就是今天。一個總爲未來擔心的人，會精神恍惚，萎靡不振的。

有一位年輕醫學院的學生，對生活充滿憂慮，不知道怎樣才能順利通過期末考試？未來該何去何從？當他讀到湯瑪斯·卡萊爾的話：「**人生的首要之務並非擔憂難以預測的未來，而是把握當下。**」他豁然開朗，他做他該做事；讀他該讀書，充分利用當下24小時。後來這位醫學院學生創辦約翰·霍普金斯醫學院。這位醫學院學生就是威廉·奧斯勒爵士，他一生成就非凡，是牛津大學醫學院的客座教授。威廉·奧斯勒爵士對耶魯大學的名言：

「你們要學會控制自己，只有在『今日艙』航行過程，才能夠確保萬無一失。以鐵門將過去隔離，在按下一個按鈕，阻斷未知的將來。如此你泰然自若站在今日艙中，一切都井然有序的航行；你擁有完整的今天。」

對聰明的人來說，今天是全新的一天。你可以提醒自己：今天是上帝所賜予的；我們應該欣喜而樂在其中。

以忙碌生活對抗憂慮

持續忙碌工作是對抗憂慮的妙方。當你開始動腦忙於手頭的工作，你就很難憂慮別的事。

沒有時間憂慮！這正是前英國首相邱吉爾在戰事緊張到每天工作18個小時所說的。當別人問他是否爲當時職位擔憂時，他卻回答：「我太忙了，根本沒有時間考慮那些。」

當人們忙碌工作，就不會爲別人的事情分心。偉大科學家巴斯特說：「在圖書館和實驗室都能找到眞正的平靜。」在圖書館專注閱讀與實驗室的實驗忙碌工作都讓智慧沉浸其中，智慧與憂慮無法並存。費城教會的精神療養院，都讓那些精神病患紡紗織布，這樣手中工作可以穩定精神病患的穩定情緒。

著名女冒險家奧莎·強生在他與丈夫搭飛機失事，丈夫當場身亡，她成功獲救，醫生說她會永久癱瘓在床。出乎醫生意料，在飛機失事3個月後，她坐在輪椅上發表演說。我問她爲什麼這樣做，她看我回答說：

「忙碌工作，讓我沒有時間去悲傷和憂慮。」

所以，當你心中感到憂慮，就讓自己一直忙著，這是世界上治癒憂慮，最好最便宜的藥。

如果手裡僅存檸檬，就做杯檸檬汁吧

將負面影響轉變成正面積極力量。若命運只給我們一顆檸檬，我們就試著做一杯檸檬汁吧。

以我來說，我出身貧窮，長相奇特（有一對又寬又大耳朵）。我只有一顆檸檬：就是我在學校演講上的成功、受師範教育與對寫作熱情；這自己正面的優點，就這樣我利用我的優點，開啟成人教育的先鋒。我的出身貧窮背景；容易憂慮；長相奇特；這些負面都無法打敗我；我認真教學與寫作出書上——做杯檸檬汁，十幾年過後，手上檸檬汁廣受大衆喜愛。

容易悲觀愛抱怨的人，遇見命運不堪，只給他一顆檸檬時，他會自暴自棄說：「我完了，這是命，我沒有任何機會成功。」相反的，正面樂觀的人告訴自己說：

「我能從這件不幸的事情中學到什麼呢？如何改善我現在的情況，怎樣才能把這顆檸檬做成檸檬汁？」

有一位24歲年輕人，因嚴重車禍，終生坐了輪椅。當他開始知道自己無法雙腿走路，他充滿怨恨和痛苦。後來他發現抱怨無法改變命運，所以他克服沮喪的心情，開始閱讀優秀文學作品。在14年中，他至少看了1400本多書，這些書豐富他的心靈，鼓舞他追求成功美好的人生。

他發現對政治有興趣，開始研究政治和公共事務，他坐在輪椅到處演說，很多人認識他，欣賞他。他致力做的手上那杯檸檬汁，使他成爲喬治亞州政府的祕書長。

憂慮是現代人所困擾大問題。活在「今日艙」，把握當下事務，一天難處一天當。「忙碌於自己喜愛工作」，就沒有時間憂慮；「將負面影響力化爲正面影響力」，將手上僅存檸檬（你的優點）做杯有益身心檸檬汁。我可以做到，相信聰明的你，每一天是全新的一天，你一定可以做到。滿滿祝福你成功。

人人可以建造一座幸福城堡——佛羅倫絲·辛

人說出什麼，就會吸引什麼。說疾病吸引疾病；說幸福吸引幸福。話語的力量如迴旋鏢，說出話也會迴向自己。

——佛羅倫絲·辛

我是佛羅倫絲·辛（Florenceshinn），出生19世紀，美國心靈學家。我在1925年出版《失落的幸福經典》，藉著本書出版，我期待人們能運用靈性的法則，讓健康，財富自然充盈在每人生命中，成爲生命的贏家。我一生神聖任務，就是闡明一個眞理：每個人都可以建造一座幸福城堡。

常常有人問我，爲什麼有人天生富裕健康成功，有人卻貧病交迫失敗？有因必有果，沒有一件事是偶然的。人生是一場偉大的遊戲，在這場遊戲中，除非你理解靈性的法則，否則不可能成功。我的信念：每個人都可以建造一座幸福城堡，如何建造，以下是我提供3個靈性的法則：

相信自己與無限智慧合一，凡事都能

當你來到人間，神已經將健康、財富，愛與完美的自我送給你了。神對每個人的計畫都是遠遠超過理性的限制，是生命完美的彰顯。許多人屈於自己的想像，只打造一間簡陋小屋，事實上，他理當建造一座幸福城堡。

人要非常謹慎，不要埋葬自己的才華，成爲又惡又懶的人。如何不要埋葬自己的才華？先向內在無限智慧尋求，了解自己的興趣與工作方向，然後充滿熱枕在自己工作上服務。美國作家杜利奧說：「沒有什麼比失去熱枕，更使人覺得垂垂老矣。」人除非熱愛自己工作，否則一事無成。當人熱愛自己工作，必帶來好的服務與好的收入。

有一句經典的話：「信心比黃金更重要」。人要對自己充滿信心，在內在有一幅幸福城堡的藍圖。當你明白自己內在的正當渴望，想做的事，想要成爲的人，只要你相信無限智慧住在你心中；可以發現自己的天命，進而可以展現完美的自我。

請直接面對你的恐懼。也許恐懼是人的天性，那麼，請不要迴避你所害怕的人或事物，而是樂觀面對他們。恐懼如獅子，你越害怕逃避，它就變得凶狠緊追不捨，你相信你有神幫助，你與內在無限智慧合一，凡事都能，你直接去做，向獅子走去，獅子消失；這樣你沉著鎮靜去建造你的幸福城堡，就如同沙漠的國王，相信雨水必來。只要你對願景堅持到底，而最終得到實現。

你的言語是你的命運

在人生這場遊戲裡，人的言語扮演了主要角色。「因爲要憑你的話定你爲義，也要憑你的話定你有罪。」（馬太福音12：37）有很多人因說了一些漫不經心的話，把自己送到災難裡。

有一位女士問我，爲什麼她會落得如此窮困潦倒？過去的她住在豪宅且富有。經過聊天了解後，發現她不喜歡整理豪宅。每當她整理豪宅時，她會不經意說：「我討厭這些東西，眞希望住在車庫裡。」而且又加上一句：「我現在就住在車庫裡。」她的埋怨話語與脫口而出的話語，把自己帶進住在車庫的不幸情境中。

還有一個例子是，一位有錢的女士經常打趣地說自己「已經準備好要住進救濟院了」。結果短短幾年內，她幾乎變得一貧如洗。

人不管說正面話語或負面話語，每句話，不管是開玩笑，或埋怨或氣憤或沮喪的話，都會被記錄下來，深深印在潛意識中，在另一個空間寫上，時候到了，種瓜得瓜，種豆得豆；種幸福話語得幸福；種貧窮話語得貧窮，這是因果法則，也是業力法則。

人說出什麼，就會吸引什麼。說疾病吸引疾病；說幸福吸引幸福。話語的力量如迴旋鏢，說出話也會迴向自己。如古諺云：「咒罵自己，就會應驗在自己的身上。」祝福別人，要形同祝福自己。

每人要不斷說肯定句，帶著強而有力的宣告，粉碎所有潛意識的不正確紀錄，讓肯定句在潛意識建立幸福的信念。人要勒住自己嘴巴，所有埋怨苦毒咒詛話語都不要說；人們說的話，包含健康、祝福和成功。

了解言語力量的人，會對自己說的話非常小心。無形力量一直在執行你所說每句話，一句話說對，可以住在幸福城堡；一句話說錯，落在災難谷底。話語就是命運那隻無形的手，在幕後操縱。

祝福你的敵人

愛是生命對生命的呼喚；恨是死亡對死亡的羈絆。每人應該讓心中沒有仇恨，化敵爲友。智者心中沒有永遠的敵人。「祝福你的敵人，你就奪走他的彈藥。」他的箭將會轉爲祝福。」

如果你的腦海中無數次地想著對方羞辱你的情形，然後想有一天，要加倍奉還報仇；你這樣做，便把自己貶低到同對方一樣的層面，兩個人都會受到錯誤的懲罰。

善的意志會在善散播善意的人身邊創造出強大的保護還。當你傳送善意給別人的人，會爲自己創造一個和平世界。中國人稱：「上善若水。」因爲水是完全不抵抗，水可以穿石，也能席捲一切。聖經說：「愛你們的仇敵，爲那咒罵你們的祝福」，如此一來，被祝福的人，沒有力量傷害祝福他的人。

宇宙最強的磁力就是愛的法則。沒有人是你的敵人，無論他在哪裡，都祝福他。地球上每個人都要學習愛自己，愛人如己。

完美的愛沒有怨恨，怨恨的人沒有完美的愛。所有疾病與不幸都是違反愛的原則。一個人投出去的恨、憤怒與批評，會隨著疾病與悲傷，會回到自己身上。

每個人深刻了解靈性的法則後，在人生這場偉大的戲裡，就可以扮演那位健康，有足夠金銀，實現完美自我，住在幸福城堡的人。每天笑容滿面說讚美的話，心中沒有恨人只有愛人；幸福花處處綻放，青鳥快樂飛翔，原來生命是一部喜劇。

最好一切，最後都是你的——珍娜維弗．貝倫德

人的心靈是天道運行中心，你是自己思想的結果。思想具有吸引力。

——珍娜維弗．貝倫德

天地間有無形崇高力量，只要你願意追求與行動，宇宙心智願意幫助你，得到你想要的祝福。珍娜維弗．貝倫德（Genevieve Behrend）提出人有無限可能性，只要你遵循上天的秩序，最好一切，最後都是你的。

珍娜維弗．貝倫德（Genevieve Behrend）（1881-1961）出生19世紀，活躍於20世紀的心靈學家。她主張：你是自己思想的結果，所以要學習指導自己思想，以達到你想要的美好結果。她的思維被稱爲「新思維」。現在以第一人稱來介紹珍娜維弗．貝倫德的「新思維」。

我是珍娜維弗．貝倫德。我在我丈夫去世後，我利用丈夫所留給我的錢，3年來到世界各國玩，希望找到內心的寧靜。可惜的是，玩遍世界，3年來的各國的美景還是無法塡滿我內在的空虛感，**無法抵擋的孤寂感與日俱增。**

我知道走遍世界各國，找不著眞理，那麼我應該往內求吧，我這樣告訴自己。無意中去拜訪一位新思維學者，在他的辦公室看見一本書《愛丁堡講學：心靈科學》，作者是托沃，英國人。當我閱讀托沃的書後，內心有很大震撼與驚喜，想前往托沃居住的英國跟他學習生命的眞理，讓空虛生命不再流浪，孤寂感不再氾濫。

當我想拜托沃爲師學習時，他給我一個入門考試：

「城是四方的，長度和寬度一樣。天使用葦子量那城，共有四千里，長、寬、高都一樣。」（啟示錄21：16）

幸運地，我透過一位占星家幫忙解題：「意思是這個城是傳達的眞理，而眞理是不可悖逆的，你所接觸的每面牆，都是一模一樣。」

我通過托沃給我一個入門考試，到英國向托沃學習3年（1912–1914）。我是托沃在世的唯一入門弟子。「尋找就給你尋見，叩門就給你開門」，一顆想追求生命眞理的熱情之心，在英國3年有很大引領，如一道源源不絕的水源，澆灌那乾旱之心園。我感到內在心滿意足，各樣美善與光明都歸我使用，我不再空虛與孤寂感了；我終於明白：生活的愉悅與安穩與幸福都源自內心。

當我獲得生命的至寶後，樂意分享所有想知道生命至寶的人。我的新思維重點分享如次：

人的心靈是天道運行中心

有無形力量在天地間。這無形力量，你看不見摸不著，卻可以爲你所用，它可以成爲你的無限幫助，帶你飛；飛到成功王國。

人的心靈是天道中心，天道運行目的是，擴展到比以往更好的某種事物中。換句話說，人若掌握心靈的力量，生命應該是不斷進步，全面發展，日新又新。你可以無限偉大，如聖經云：我所做的事，信我的人也要做。並且要做更大的事。」（約翰福音14：12）

人若無法掌握內心力量，會讓世界的物質庸俗與罪來汙濁原本乾淨的心，自己生活一片混亂，做犯罪的事，充滿挫敗懊悔，一事無成；因他的內心的天道早已蕩然無存了。

所以當我發現玩遍世界無法找到身心靈安頓，我願意花3年時間去了解生命的眞相。這是我本身例子，若你還不知道你的內在有一把鑰匙，能夠開啟收藏你心中渴望之事的密室；我鼓勵你行動去尋找，直到你找到爲止。只要你有一顆如火炬的心，要在人間黑暗尋找眞理，尋找必尋見；你所嚮往的一切，正朝著你的尋找道路而來。

有人想讓自己更幸福更成功，研究塔羅牌，神智學、奧義書與卡巴拉（猶太教的神祕哲學），其實這些與「賦予生命的眞正眞相」相違背，我希望你不要研究這些神祕哲學與奧義書。倘若你一直無法「安你的心」，我給你一個誠懇建議：花時間去研究《聖經》。

聖經裡對於所有善與惡觀念與無形力量，如何做到「最好自己」，都是夠份量值得你一生研究主題。尤其想了解內在心靈之深處，光明與黑暗甚至日常做人處事的箴言，聖經都如一位心靈偉大導師，有無比耐心讓你認識自己是何其尊貴；只要你願意相信，你可以自我超越，進入一個好得無比的輝煌世界。

你是自己思想的結果。思想具有吸引力。當你習慣性去接觸良善事物，閱讀聖經或其他好書，那些良善思想會自己找出共鳴的頻率吸引同類事物。你的心靈成天道中心，有崇高神性在運轉。你將發現內在力量比你認知到更強大，充滿無比可能性。你的心是條神速道路可以直達天庭。當你與造物者和諧相處並合作，你內心世界不斷擴展再擴展，往更好事物中，你正自我超越過去，進入無限成功的生命新境。

觀想心靈願景

你目前渴望是什麼？寫下你的心靈願景，凝聚意念在我們所嚮往的一切；即看見一幅你夢想的圖畫，希望達成愉悅的結果。

曾經有一位女士來找我幫忙變賣一棟房產。我向她說明如何做買賣觀想，如何在心裡過濾所有細節，模擬得像她真實賣出那棟房產一樣。沒多久，那位女士成功賣出她的房產。

有位男士告訴我，他多麼渴望娶某位妙齡的女子，但他覺得自己沒有足夠的能力，因爲他薪資低，工作又不穩定。我說些好話來表達對他無比肯定與支持，並解釋眞愛不敗的道理。

我要他做觀想：去看見你們住在你們所嚮往幸福的家庭中。你做好你的部分，繼續愛那位女孩。並且絕對相信你們會結婚，經營你們的愛情。那位男士在幾個月後，那位男士帶那位妙齡女孩，現在是太太身分來告訴我，他們已經結婚的喜訊。

萊特兄弟在未發明飛機之前，做各種試驗。當各種試驗失敗之際，兄弟之另一個會這樣告訴另一個人：「**沒關係，兄弟，我可以『看到』自己在駕駛飛機，它飛起來既輕鬆又平穩。**」

在1870普法戰爭期間，法國將軍福熙（Ferdinand Forch）看見自己領導法國軍隊戰勝德軍。他說，他會創造一個願景，抽著菸斗，然後等待。

鐵路巨擘詹姆斯・希爾（James J. Hill）在展開橫跨美國東西岸鐵路建設前曾說過，在鋪設鐵路前，他就在那條線上來回遊歷了數百趟。據說，他會坐下來花了好幾個小時盯著美國地圖，並在腦海裡遊歷於東西兩岸之間。我們今天的東西兩岸的鐵路通行，早在他的靈眼所見的一樣。

艾丁頓・布魯斯在他的《堅定你的心靈骨氣》說：「**每天花一點時間，運用想像力去廣泛、深入地思考你的工作**，無論對你個人或社會角度來看，這都是很重要的。」將你心中願景日日刻印在宇宙心智上，讓造物者知道你心中的渴望。創造願景的最佳時機，是在早上用餐前與晚上入睡前。

最好一切，最後都是你的

大自然最神祕深處，是個儲存光明與良善的諾大倉庫，完全歸你使用。你要開展你的無形力量，去獲得至寶。如何做？

重複你的語言力量。在你使用每個言詞裡，都有一個力量的根源，它會擴張，並且投射到你話語中所暗示的方向，然後發展成物質的表現。例如你想要快樂，你就要私底下很熱切重複快樂一詞。快樂說了無數次後，你眞的快樂起來了。

你所創造願景，透過你的每天言語禱告，日積月累，如學過使用數字一樣，必定如加法肯定；乘數的倍增，當你大聲提出宣告，相信你有所得，那麼你必定有所得。因上帝樂意把祂的豐富的國，賞賜那些有信心禱告的人。

要知道自己心中的渴望是什麼。每天你要問自己：我擁有王者般的力量，我的人生目的是什麼？唯有知道自己人生目的，有願就有力，你因人生目的，產生強大能量去行動，並有心靈願景支持自己行動，堅持的意志讓心中夢變成「實際可行的事實」。

澳洲富豪泰森（Tyson）在做一天三令的花圃工人時，他看到一朵小小的紫羅蘭，當時他心中做了一個美夢：要讓澳洲沙漠不毛之地，綻放出像玫瑰一樣美麗的花朵。他知道他沒有資金，他的思緒專注在築籬笆，和看見當時不存在花花草草的想法上。

泰森（Tyson）知道他有王者般力量，他更知道自己人生目的：從一個花圃工人成爲一個擁有大片綻放美麗花朵的花園富豪。他的人生目的就是要把心中的夢做大，放大，從不毛之地變成玫瑰花園。他持續的這樣成功思想，拒絕與自己可能會失敗，可能會徒勞無功，產生關連。他放膽去做，心中相信自己一定會成功。

所有想法不管有利或不利，只要持續著，思想會產生頻率。根據吸引力的原則，泰森的大膽想法，會吸引相同的人事物；泰森的資金大門很快就被開啟了。泰森號召一群志同道合的人，在乾旱土地撒種耕耘，一天努力過一天；一年努力過一年。任何問題都不是問題；任何辛苦都不是辛苦；被太陽曬黑的皮膚閃亮，如同燃燒夢想火花的雙眼。心中的夢就是看見不毛之地開滿花朵，沙崙之地綻放玫瑰。流著滿身汗水與那片澳洲乾旱土地拚搏奮鬥著，從白天到黑夜，黑夜過了，白天又是努力圓夢的一天。

最後結局，泰森做了人因夢想而偉大的示範：沙漠之地開滿萬紫千紅，美麗人們的眼睛，世代嘆爲觀止。泰森實現了他的人生目的，從貧窮工人蛻變成人人仰慕的富豪。

人沒有好目標，就不可能有願景。不知道人生目的的人，從今天開始問自己：此生的目的是什麼？這個提問會帶來思考，有了思考，你才能展開無形的力量，一切良善力量都受你差使；如果你願意，你就能夠；如果你願意，你就會去做。

你的心是宇宙，現在是永恆。記得，你心的大能如天上繁星閃爍，你可以成爲充滿創意小王子；人間那位高貴愛人的公主；你也可以是總統、學者、醫生、作家、宗教家、企業家、科學家、畫家等等有貢獻的人物。你是偉大創造者的孩子，你很尊貴很聰明很天才，配得所有偉大發明與成功幸福，只要看重自己內心的渴望並實踐，人間中的最好一切，最後都是你的。

所以，做你最好的自己，大膽勾勒一幅你人生目的的圖畫，常常觀想它；那是一福你最愉悅的圖畫，在天地間展現著，天使觀看著。用你與生俱來的才華與個性，不畏任何嘲笑的眼光，努力以赴於你手中的事日日年年；堅強又勇敢走過水火之地，到達那夢想王國。你可以無限偉大，無限成功，無限幸福。祝福你。

2021/06/25

發現潛意識的力量——約瑟夫·墨菲

有了潛意識的奇蹟力量，什麼都難不倒我。凡我關心的事都蒸蒸日上。

——約瑟夫·墨菲

約瑟夫·墨菲（Joseph Murpy）（1898-1981）是一位美國著名的思想家與牧師作家。墨菲在1898年出生愛爾蘭科克郡，後來定居美國。他以五十年時間在世界各地講學，他提出「潛意識的力量」，影響世人思維，他的《潛意識的力量》著作被選爲半世紀來，50本自勵書籍之一。

墨菲，一直對世界宗教領域非常感興趣，除了他從小的基督信仰外，他還花時間深入的研究印度宗教，他在印度拿到宗教學博士。他花很多時間研究中國的易經，並出書。約瑟夫·墨菲一心探究如何讓人成爲生命贏家，將奇蹟帶入生命；活出更豐富更宏偉一生；他到大學當學生上課，並遊歷世界各國，他發現人有「潛意識的力量」，這個潛意識的奇蹟力量能治癒人的病痛，使人從打敗恐懼與沮喪，進入健康、幸福和成功的生命。

約瑟夫・墨菲回首在他20歲的一個很刻骨銘心的親身經歷。在他20歲時候，他的皮膚得惡性腫瘤，求救醫生，醫生搖搖頭，無法醫治，只能仰望奇蹟。後來他向神職人員求救。這位神職人員跟墨菲分享《聖經》的話：

「我未成形的身體，你的眼睛早已看見；為我所定日子，我還未度過一日，都完全記在你的冊上了。」（詩篇139：16）

這位神職人員向墨菲解釋「冊」是指潛意識。既然潛意識製造你的身體，當然他可以療癒你的身體。於是墨菲自己寫一段簡單的祈禱文：

「我的身體以及所有的器官，都是潛意識的大智大慧所創造出來的，他知道如何治癒我，他的偉大智慧設計出我所有的器官、組織、肌肉和骨頭。我內在這無窮的「療癒性存在」，現在正轉化我體內的每個細胞，讓我更完整、更完美。我知道身體此時此刻正康復，我很感恩，我內在智慧所創造出的傑作，真是太棒了。」

墨菲在每天將這段祈禱文祈禱兩到三次，每次大聲複誦五分鐘，過了三個月，他的皮膚惡性腫瘤不見了，皮膚完美健康；墨菲的醫師覺得是奇蹟；但墨菲知道：他給自己潛意識完美健康的思維模式，所有害怕死亡的負面思惟，通通從他的潛意識中驅趕出去。

墨菲從自己親身得皮膚癌後，僅靠自己3個月正面話語治癒自己難醫治的皮膚癌，他深刻體悟到：所有疾病的源頭來自心智。你的擔憂，恐懼與憂鬱會干擾心、肺、腸胃等器官的正常運作；你只有命令這些負面情緒離開你的潛意識，然後用信心與健康正面的態度與潛意識溝通，他就會回應你，將你命令實現，你就恢復健康了。墨菲從他的親身體悟加上自己研究與廣泛接觸群眾，就將他發現寫成一本書——《潛意識的力量》。

筆者在人生很沮喪軟弱時讀到《潛意識的力量》，我在這本書著作後面空頁寫下：

Dear約瑟夫．墨菲：

蔣馨非常開心認識你。在生命低谷中聽到你的智慧聲音，在這智慧聲音指引下，終於發現有山有水有樹有讀書創作的新天地，從此脫胎換骨成為我想成為的人。謝謝你的潛意識力量發現，帶給我生命陽光，在那溫煦的光芒中，我瞥見了生命跳躍的答案，一本浩瀚無窮的生命之書正展開鋪陳，這其中有你的文字，認識你真好。

蔣馨2011/10/26

十年前閱讀《潛意識的力量》，今年2021年在重新閱讀，還是歷久彌新感動我，期許自己活出更開創更榮美的一生。以下是我對《潛意識的力量》這本書的分享：

邀請奇蹟進入你的生命

爲什麼有人一生活得貧窮，活得憂鬱，活得失敗；有人卻活得有錢，活得快樂，活得成功？爲什麼有人得了重病痊癒了，而有人生小病卻很快去世；爲什麼有人婚姻充滿挫折與痛苦；有人婚姻幸福與快樂？

對於以上問題，有答案嗎？當然有。你的潛意識對所有問題都有答案。每個念頭都是一個因，每種情境都是一個果。

你的潛意識如土壤，當你種下負面的思維，如「我負擔不起」、「我做不到」、「我活不久」、「我很糟糕」，潛意識就會把你的話當作養分來成長，長出來的是：你不會有錢買車買房；你不可能去做你想做的事；你不可能蒸蒸日上；你病懨懨毫無生機毫無用處等死。你的生命花園一片稗草，一片荒蕪。如果你的思維是正面，裝滿偉大的點子，宏偉的抱負，一生就是經歷生命的奇蹟，你會成功會富足且有幸福婚姻……；你將這些念頭種植在潛意識的土壤，你辛勤努力照顧它，潛意識忠心將這些奇蹟念頭繁殖長大，時候到了，你的花園如此美麗豐富閃亮，結實纍纍，你就可以歡喜收割幸福成功奇蹟的果實。

潛意識是宇宙土壤，不會爭辯，「種瓜得瓜，種豆得豆」；種失敗得失敗；種奇蹟得奇蹟。所以，你一定要邀請奇蹟進入你的生命，你要大聲宣告：

「有了潛意識的奇蹟力量，什麼都難不倒我。凡我關心的事都蒸蒸日上。我想的事都可以實現；我有很好工作，很好人際關係；我想成功就成功；我想有錢就有錢；我的婚姻會幸福牽手白首偕老；我永遠年輕如25歲，到90歲還成爲有貢獻的生產者。」

按照你目前情況，想像最圓滿結果，如一張藍圖，豐碩果實在眼前。你相信什麼，潛意識就會執行它。當你早晚宣告你會有好的人際關係，你散發就是吸引美善力量，讓討厭你的人，化敵爲友。

你要不斷重複說，說千遍萬遍種植在潛意識，讓你的潛意識知道這是你的渴望，你所要的。當你生病時，你就宣告健康；你被裁員失業時，就宣告很快找到好工作；你在婚姻爭吵就宣告幸福婚姻來敲門；讓正面念頭和預期美好心，朝朝夕夕堅定傳遞給潛意識，讓潛意識去執行開花結果。

想改變你的困境，你想經歷好得無比的奇蹟生命，你就要從內改變你的思維；讓奇蹟進入你的生活每一天。永遠記得：想壞事，壞事找你；想好事，好事找你。你的腦袋的想法決定了你一生。

潛意識療法的實用技巧

生命法則就是信念法則。你的信念等於你心中的念頭。不要相信對你不利的事，厄運的咒詛；要相信潛意識的力量能夠療傷止痛，能夠讓你更成功更有錢；你相信什麼，什麼就會成眞。你可以用以下技巧來改變你與別人的命運：

1. 祈禱

所謂祈禱技巧，就是把心智在意識層次和潛意識層次的和諧合作的活動，有技巧導向某個特定的目標。

你可以爲自己與所關心的人祈禱。你的心願就是祈禱，也是靈魂眞誠的渴望。每個人都可以祈禱。在面臨危難之際，祈禱會一直陪伴你的幫手。當你祈禱時，先讓你的心靜下來，你所想的關於順利脫困的奇蹟念頭；當你爲自己生病或爲生病的親友祈禱，你想到是關於康復、活力、完美的畫面，這些在宇宙共通的主觀心智運作下，你所祈禱會被感應出來。這就是聖經所說；「祈求就得著，尋找就尋見，叩門就開門。」

你可以將你要祈禱的事，寫下來早晚祈禱。就如約瑟夫・墨菲爲自己皮膚癌寫祈禱文，然後一天大聲祈禱2至3次。祈禱到事情成就爲止。

2. 命令法

當你發現恐懼、擔憂、焦慮、匱乏浮上心頭，你就命令這些糟糕念頭離開你的潛意識，讓你的話語很有力量去喝斥負面念頭；然後想著你的願景與你的目標。

有一位歌唱家要上台歌唱表演，忽然很緊張焦慮，手腳發抖。他知道要扭轉眼前不利的情緒。他就整裝自己，然後就用很權威的口氣，命令小我的焦慮離開，他的大我要信心上台歌唱。

他在心裡肯定自己的演唱才華，他想像觀衆會爲他唱得好，喝采滿堂。後來，潛意識眞的驅除他所有焦慮情緒，潛意識的美善力量啟動那位歌唱家的表演，那位歌唱家自信地歌唱，獲得空前成功。

命令法的技巧運用，你用權威的話語力量，命令那些干擾你的念頭與情緒滾蛋，然後再肯定自己，相信靠這潛意識的大我力量，你會成功；你會美夢成眞。所以在命令不好事離開，你要複誦肯定的事，讓潛意識執行。正如聖經云：

「你決定的計畫，他必為你成全，光明必照在你路上。」

3. 感恩技巧

感恩的心總是最接近宇宙的創造力，所有好事一一被吸引過來。很多人不知道感恩，常說抱怨的話，結果越來越糟糕。

聖經中的保羅，推薦我們要以讚美與感恩來宣告我們的祈求，這種感恩與讚美的宣告，進入潛意識，潛意識也浸入感恩的美德，呈現是種平和知足誠懇心，這是與宇宙崇高力量相通，也是創造者所喜悅，自然當事人的困難就慢慢迎刃而解了。

有一位年輕媽媽告訴墨菲博士：「她一人要扶養3個

年幼的孩子，她目前沒有工作，也沒有錢，她不知道怎麼辦才好？」墨菲博士說：「在你找到工作前，先存感恩的心。你可以試試看說：感謝天父賜給我財富。」

這位年輕媽媽就在3個星期早晚很有感情說：「感謝天父賜給我財富。」她想像自己對天父說話。當貧窮、沮喪與匱乏來攻擊她時，她就盡量說：「感謝天父。」她感謝天父賜福她目前的擁有：擁有3個孩子，擁有健康，擁有工作經驗。

在感恩天父不到一個月時間，她遇見了一位五年沒有聯絡的前雇主，這位前雇主知道她的景況，給了她一個高尚重要工作，且先預支薪水給她，幫助她度過難關。

「我永遠不會忘記感謝天父的神奇力量，感恩為我創造奇蹟。」這位年輕媽媽在獲得工作後，如此告訴墨菲博士。

改變你的潛意識吧，讓潛意識成為你的人生好朋友，不是唱衰人生的壞朋友。你的潛意識永遠照實接收你的壞念頭與好念頭。你去接觸崇高良善正直事物，廣讀好書，接觸良師益友，讓你的潛意識充滿偉大的思維；你每天命令所有干擾你的咒詛、厄運、恐懼和疑惑全部離開，然後感恩的心宣告你所要，靜下心祈禱，有一天，你將心想事成。

祝福你：奇蹟進入你的生命，你健康幸福，成功富足；永遠年輕去學習新事物，去圓想圓的夢，你在九十歲還是一位有影響力的生產者。

找到人生的致富經典——華勒思．華特斯

人能為整個世界所做的最大的貢獻，就是讓自己致富，為神與全人類服務。

——華勒思．華特斯

華勒思．華特斯（Wallace D. Wattles 1860–1911）是美國新思維的作家，雖然他不長壽，在51歲就去世了，卻留下照亮世世代代的長久影響力。其新思維透過他的著作書寫出來，喚醒世人更宏偉的思考，追求更完整更成功的一生。

華特斯去世前一年（1910年）所出版的《失落的致富經典》，至今2022年，已經過了一百多年，其思維仍繼續如明燈來照亮世人心靈。寫《祕密》作者的朗達．拜恩在人生失意下閱讀華特斯的書，在華特斯思維深刻啟迪下寫下《祕密》，朗達．拜恩也因此改變她不得志生命，成為暢銷世界的作家；由此可見華特斯是位站在時代瞭望台上，洞見人類靈魂美好發展的睿智者。

約在十幾年前，我在誠品書店閱讀《失落的致富經典》，當我閱讀華特斯所說：「貧窮是一種疾病」，其新穎論點帶給我相當大的震撼，我就確定要買下它，好好研讀。

每一次研讀，彷彿一股智慧清泉洗去從前錯誤的思維，帶我往前，流向新大陸港灣。我讀《失落的致富經典》多遍，每次都有相當驚喜的獲得。我慶幸在生命旅程遇見一位大師級的人物，讓我放下昨日錯誤的貧窮思考，迎接今日富有的思維，自己正轉動命運輪子，往夢想國快樂前進。

《失落的致富經典》已經名列世界50大成功經典，多少人因閱讀他的著作改變自己人生，如台灣翻譯《失落的致富經典》的許耀仁先生在譯序下說：

「在閱讀這本書的十六月後，我下定決心：認同書中所說『要擁有完整的生命，物質的財富絕對非常重要這個觀念』後，我的財務捉襟見肘逐漸改變了，獲得財富的機會開始湧現，隨著物質財富的逐步增加，也連帶讓我有能力擁有與欣賞世界各種美好事物……，也有能力幫助或照顧好自己所在意的人、事、物。」

這是《失落的致富經典》台灣譯者許耀仁眞心眞事的分享，我希望藉著本文能帶給讀者對追求生命更成功更幸福的思考。本文從三方面：

人追求富有生活是健康正確思想

有人以爲追求富有生活是庸俗的，是罪惡的，傳統有「金錢是萬惡之首」之說，人應該保持清高，不應該太有錢，甚至有人還認爲眞正偉人是要完全利他，如孔老夫子的學生顏回「一簞食，一瓢飲，在陋巷」；誰注重物質，誰談論金錢，就是品德不夠清高；淸高的人要視富貴如浮雲。不過這樣思想觀已漸受到質疑了。

美國思想家華勒思．華特斯說：

「**讓你致富有錢是神的渴望**。神希望你能致富來展現神國的豐富，神希望你能擁有你想要的一切。人能夠爲整個世界所做的最大的貢獻，就是讓自己致富，爲神與全人類服務。

你追求財富目的，應該是爲了有得吃、有得喝；而且在該吃該喝的時候，能愉快去吃去喝；你追求財富的目的，應該是爲了讓自己周邊充滿美好事物，能去遠方遊覽，能充實你的心靈，能發展你的才智；你追求財富目的，應該是爲了能去愛他人做好事，能去扮演幫助這世界了解眞理角色。」

華勒思．華特斯的意思就是人要適度有錢，他認爲：「如果一個人沒有足夠的金錢，就無法將其才能或靈性發展智最高層次；一個平凡人想要過一個趨近完整人生，都需要一筆相當大的財富。如果沒有錢，就沒有東西可以付出，就無法扮演好的配偶、父母、公民，乃至身爲人類的角色。」這樣說法，是引起筆者共鳴的。

舉例來說，台灣郭台銘與張忠謀是致富有成的大企業家。2021年台灣因新冠肺炎疫情，人民亟需好的疫苗施打，提供身體的保護。由於郭台銘與張忠謀因企業賺到相當大的財富，且願意在國家有難時，奉獻相當的金錢。他們二人都慷慨各自捐出五百萬BNT（輝瑞）疫苗，爲台灣人民健康做出貢獻，這是因爲他們有錢，且願意樂善好施，去扮演救人的角色；筆者已經打輝瑞（BNT）第一劑，是郭台銘先生所捐贈的，在此深深感謝郭台銘的慷慨。

由於兩位大企業家有錢，才可以幫助國家；若企業家惡意倒閉，不但無法幫助國家，且要國家紓困。適當有錢是健康正確的思維。生病要不要有錢看醫生，當然要。美國看醫生，沒有健保，是很貴的，很多在新冠肺炎期間，多少美國窮苦黑人都因沒有錢就醫死去的。在古時候孔老夫子學生顏回的「一簞食，一瓢飲，居陋巷」，40歲就去世了；所以貧窮是咒詛，不是蒙福。

所以華特斯說：

「我們必須先致富，才能讓整個生命更豐富。讓你想賺到更多金錢的力量，其實與讓植物得以生長力量相同。」

貧窮是一種疾病

華勒思：華特斯說：

「**貧窮是一種疾病。這個疾病使你無法擁有眞正完整或成功的人生**。人之所以貧窮，並不是因爲財富的供應量不夠，事實上，世界上存在財富遠超過人類所需。人之所以貧窮是沒有按照特定方式行事。」

華勒思．華特斯提出貧窮原因：

★不懂得感謝：

如果不懂得感謝，你將無法拋開對於現狀的不滿想法。當你允許心中存在對現狀不滿想法的那一刻，你的心就開始失守了。你的心眼注視那些平庸的，低劣的，貧窮的、骯髒的，你的心靈會開始會接收這些事務的形貌，然後你會將這些形貌或心中影像傳遞那無形智慧體。如此，那平庸的，貧窮的骯髒的一切都會來到你身邊。懂得感謝，將會讓你的心靈與宇宙的各種創造能量建立更密切和諧關係。

★注意力在貧窮及形而下的事

不要談論自己父母有多窮，也不要重複談論自己早年遭遇的生活困境，因爲當你這麼做時，就是在心裡將自己歸類貧窮人。

不要去閱讀那些告訴你世界末日就要來到書籍；不要閱讀那些專門揭人瘡疤的作者寫的作品，也不要去閱讀那些倡言這世界歸向魔鬼的悲觀哲學家的著作。這世界不會歸向魔鬼，這世界必歸向神——這世界會變得越來越好。

你會貧窮，是因不懂感謝，且注意所有黑暗面；這些都是違背無形智慧體的和諧頻率；你的心靈所裝忘恩與瘡疤；以這樣負能量行事，永遠無法成功，永遠無法得到宇宙正能量幫助，久而久之，你會一事無成，在家唉聲嘆氣，然後貧窮就來敲門了。

華特斯認爲每個人都要當心念大師，在疾病時想的健康：貧窮要想致富：貧窮是疾病，要想辦法治癒它。

當一位成長的人

你要致富，你就當一位成長的人。在這宇宙人間當中，一個不斷追求成長的人永遠不會缺乏機會；且不會失業；失去收入；這位成長人如一棵栽在溪水旁的綠樹，到老都結果實，有益人群。

這位成長的人，在目前工作盡心盡力，若不滿意工作，他還是努力以赴，以最完美方式完成，讓現今老闆滿意；自己在工作之餘，再找時間進修充實自己技能，成爲更卓越更專業人士，等待更合適職場機會。他不會等到找到合適的工作，才開始行動，不要因爲被擺錯位置就覺得失望或唉聲嘆氣。

一位成長的人，每一天都是成功的一天。他會以最完美的方式做好當天能做到的所有事情，且在行事時不疾不徐，沒有擔心，沒有恐懼。如果每一天都是失敗一天，那麼你永遠無法成長，永遠都無法致富，生活一片停滯甚至凋零。一位成長的人，是追求心靈與物質一起成長，登上自我實現的高峰。如何讓財富到你身邊？

華特斯說：

「讓財富來到你的身邊，渴望、信心，並且依照特定行動方式。」

你要致富，就要致富渴望，把這渴望成爲目標，銘刻在無形智慧體上，並有信心成爲你想成爲的人。特定行動是以正當正義行動，創造性代替競爭性，提供超過利益價值的服務。例如張忠謀創辦台積電，所提供產品服務超過顧客滿意，所以訂單源源不絕；一位員工努力於工作，超過老闆所求，當然容易被加薪。

一位成長的人，發現傷害他人事業，會趕快離開，他所做的是正當正確的事。他永遠不會說，時機不好或產業前景堪慮之類的話，他把自己當作創造中心，不憂不懼，歡喜快樂創造自己所要的一切。這位成長的人幫助所有人生命一起成長，讓生命更加完整。每天他在自己工作上全力以赴，且帶著願景，專業上越來越精進；他永遠不會讓自己失望，雖然眼前看似失敗狀況，他仍保持高昂信心，深信偉大成功必會到來。

人一生是要貧窮，失業落魄，受人施捨憐憫度過；還是富足，樂在工作，幫助自己也行善有餘度過，完全是在自己的腦袋瓜裝的思想。「貧窮是一種疾病，以止當工作追求財富來治癒它」，若有這個正確思想，相信你的生命會慢慢走進牛奶與蜜的蒙福之地；因爲聖經說：「你的財寶在哪裡，你的心也在哪裡。」

祝福你找到致富經典，成為心念大師，疾病時想到健康，貧窮時想到財富；克服宿命；克服消極悲觀，住在成功與幸福華廈裡，擁有生命想要的一切，愛世界做好事，寫下愛與榜樣。

超越自卑成英雄——阿爾弗雷德·阿德勒

每個人都有強烈的自卑感，這並不是一種疾病，而是刺激人們變得更好的力量。原來，濃濃驅之不散的自卑感，只要你願意下定決心超越，你可以創造自我的命運。

——阿德勒

「爲什麼我要生佝僂病，身高矮矮的，身體病懨懨的，無法像比我大2歲哥哥那樣健康高大，那樣強壯的打球？」

孩童的阿爾弗雷德·阿德勒（Alfred Adler）望了窗外，他看見哥哥與鄰居正運動打球，他看著自己，覺得自己一無是處，論身高，不如大哥；論體重比腕力，不如大哥；論學校的成績，更不如大哥；連鄰居的哥哥或同年齡的同學，樣樣比他強。阿德勒覺得自己是全世界最不幸的人，即使處在家庭富裕當中，阿德勒一點都不喜歡自己，自卑感油然產生。

阿德勒的爸爸了解自己孩子老二處在比較中，身高矮小，體弱多病，什麼事都要與老大比較，難怪不快樂，自卑。一日，他走向孩子，對著內心籠罩自卑感的老二說：

「**孩子，不要一直看自己的弱點，要接納自己。**如果你覺得成績不如哥哥，爲什麼不好好用功於課業，追上哥哥。人是可以超越目前弱點，化弱爲強。你現在就可以立下目標去行動，不要在家裡唉聲嘆氣，自怨自艾。孩子，你可以創造完美自己；愛自己，喜歡自己，即使被人拒絕，被人討厭，你仍然高人一等。你也是爸爸眼中的天才寶貝，爸爸並沒有將你與哥哥做比較啊。」

阿德勒在父親正向鼓勵下，他開始認眞在課業下功夫，結果一鳴驚人，成績大幅進步，後來成績優異，進入醫學院就讀，獲維也納醫學博士。阿德勒在學校畢業典禮上，阿德勒的爸爸露出欣慰笑容；阿德勒心中有無比自信，他想到自己早已經超越自卑，成爲一位精神的巨人，是家族的驕傲；他目前努力奮鬥的成就展現，早早就超越身高高大的大哥與鄰居。他走在回首蒼蒼橫翠微路上，他看著前方的陽光正在與樹玩捉迷藏的遊戲，他悟性與感性說：

「每個人都有強烈的自卑感，這並不是一種疾病，而是刺激人們變得更好的力量。原來，濃濃驅之不散的自卑感，只要你願意下定決心超越，你可以創造自我的命運。我本來很自卑，因我下定決心化弱爲強，現在醫學院畢業，未來還有機會當上大學教授。我不就是創造自己奇蹟的主人嗎？」

阿德勒醫學院畢業後的他，告別嚴重自卑的童年，英姿煥發地要開創自己的成功人生。他喜歡心理學，他跟心理學權威佛洛伊德學習，在幾年後，他發現自己對生命看法不同於佛洛伊德老師：人的命運早在童年就決定；阿德勒認爲人是可以在長大後，克服自己軟弱，昇華自我，成爲想成爲的人。

阿德勒提出「創造性的自我」，他認爲人生幸福或不幸完全取決自己。你可以往你專長如運動，音樂或經商或學術研究努力，成爲有貢獻於社會國家與人群的卓越人士。

同時阿德勒更不認同老師佛洛伊德的「性慾支配一生」，人是主人啊，精神的巨大早可以超越生理的性慾，是自己命運主導者。由於佛洛伊德老師研究對象大都是社會邊緣人，以夢解析來研究人的個性與遭遇的事。他勇敢提出自己在心理學的創見，同時與老師在學術上分道揚鑣，因阿德勒不甘心只做一株沒有主見的水草，依附在大師的大海裡。

阿德勒走出實驗室，走出象牙塔，他四處演講，他要宣揚他的健康的創造性的自我心理學，他對聽衆說：

「生命意味是什麼？生命意味是超越自卑。你對身體器官的自卑，可以驅使自己下定決心採取行動來超越它。

你要接納自己的不完美，你要有被討厭的勇氣；你要打自心裡喜歡自己，不管別人對你評價如何，你有自己很多長處。

你要告別過去，認眞活在當下，往自己擅長項目努力。你可以成爲運動家，教授或醫生或商人，成爲一位傑出的奉獻者。我個人倡導『社會意識』。個人與社會國家宇宙都是共同體，很多煩惱都出自人際關係出了問題，所以和諧人際關係與信任他人，欣賞他人都是生命中重要功課。」

阿德勒的「超越自卑」的個體心理學，在他67歲去世後，從西方被介紹東方，日本、台灣、中國都被深深影響著。當我讀彰師大心理諮商輔導系，就對阿德勒的「超越自卑」理論，相當有興趣，也受影響。我以〈超越自卑〉小詩向阿德勒致意。

〈超越自卑〉

你為自己矮胖
或出身低微
暗暗流淚
這都是自卑惹禍

你是英雄

天地間一塊寶石
不論形狀
時候到了發亮光

人很自卑
世界嘲笑他
人很自信
世界謙虛地仰望他

Memo

寫下大蕭條的箴言——克里斯汀．拉爾森

人必須在思想把自己放在偉大高度上，這樣你才能看穿浮華世界的假象，洞察蕭條時代的處事智慧。

——克里斯汀．拉爾森

新冠肺炎，這一波21世紀的瘟疫，自2019年12月爆發，至今2021年4月，已造成全球染疫死亡人數超過300萬人，美國死亡人數就占57萬人，算很大危機。因新冠肺炎瘟疫，各國不敢自由旅遊往來，所有相關旅遊餐飲業的工作人員，紛紛被裁員，有的事業宣布關閉破產，一波時代大蕭條就形成了。

每個時代都有危機，都有面臨經濟大蕭條的時候。本文就是敍述在1929年美國經濟大蕭條中，一位名叫克里斯汀．拉爾森（Christian Larsson），用兩年時間研究，人應該如何面對時代的大蕭條。他寫下《大蕭條中的箴言》，這本書被出版，帶來很廣泛的影響力，無數人被鼓舞，發揮潛力，擺脫蕭條，重新過富有日子；他自己成了新思維運動的精神領袖。以下是用第一人稱來說明他的新思維：

我是克里斯汀・拉爾森（Christian Larsson），在20多歲的我，對人類的精神世界與人類內在力量有無比興趣。我閱讀它，研究它，讓我內在的智慧來引導我的生活。

1929年是美國經濟大蕭條時代，多少人失業；多少人股災；多少人從富豪一夕間成爲窮光蛋；人心惶惶，憂愁焦慮，對於未來非常恐慌。不幸的是，在這波經濟大蕭條中，我的事業也是一夕間崩盤，歸於零。在這樣人生蕭瑟困境裡，我想起青年時代所研究人類的精神活動，我要去尋找一個讓衆人在大蕭條中，有信心擺脫眼前蕭瑟缺乏，起來迎接好日子。

爲了讓自己在絕對寧靜下，去探索生命的眞相與眞理，所以我選擇離開城市，到一個人煙罕至的山洞隱居起來。

我要用二年很安靜時間研究與思考，「他使我靈魂甦醒，爲自己的名引導我走義路。」（詩篇 23：3），我寫下我靈魂甦醒的箴言，原來人類內心都有一位英雄，充滿智慧充滿能力，每個人都可以透正確態度來獲取成功。可惜，是大多數的人的靈魂都在沉睡，沒有甦醒過來；不知道如何喚醒內在英雄，只好在人世中無能無力平庸度日；當危機來臨時，內心非常恐懼害怕，不知道如何是好。

當我發現面對大蕭條的智慧箴言，我帶著我的文字手稿，離開山洞，我要將我發現「新思維」告訴人們，激勵人們，每個人都應以樂觀積極勇敢態度，面對大蕭條的挑戰。

以下是我的著作〈大蕭條中的箴言〉的其中三個箴言：

培養偉大的思想

人必須在思想把自己放在偉大的高度上，這樣你才能夠看穿浮華世界的假象，洞察蕭條時代的處事智慧。有一句話說：「置在最上面的稻草最易滑動，想覓得珍珠者必要潛入水底」，一位偉大思想者必然留下「最寂靜時間」供自己自由思考，去挖掘內心深處的力量。過於忙碌，往往讓自己如一個稻草人，空有外表，沒有思考內涵。

聖經有云：**「與智慧人同行，必得智慧；和愚昧人作伴，必受虧損。」**（箴言13：20）一個人要將偉大書籍，高雅藝術，感動人心音樂，壯麗大自然，與優秀人們當作好朋友，親近他們，閱讀他們，熱愛他們。當你的思想集中在這些光明高尚的人事物，你的思想自然將光明閃亮，因為人的思想會與自己親近事物融為一體，越來越相似。

偉大思想包括完善的道德原則。偉大思想家，不批評他人，絕不談論別人的缺點，或常常與人為敵。越是完美的人，思想越是平和。所有偉大思想存著大愛的能力，愛自己與自己的伴侶、孩子，還有他人、國家。所有愛的光芒都由偉大思想所綻放出來的；他看別人的優點，與人為善；著眼人世美好崇高的一面，盡可能發展自己內在的美好品質，讓自己成為光明，有了光明，黑暗就自然消失了。

一個人從不思考生命本質，從不閱讀好書，從不接觸高尚、美好、理想的東西；他只關注、愛慕外表，卻忽視人的性格，思想與靈魂之美，這些人身上優秀品質就逐漸消失，在言行，思想上，品行上變得粗鄙不堪。沒有偉大思想成爲內在的磐石，容易整天憂心忡忡；容易向困難低頭；容易做出違背良心違反道德的行爲。

你的思想有多傑出，你就有多優秀；當你的思想進入一個更高尚更宏偉的心理活動，你可成爲精神的偉人，展現於外，就是你的心裡最高品質。想擁有健康就要在疾病時，有一幅恢復健康的圖畫；想擁有成功，就要在失敗時，有一幅成功的願景；你的思想決定你的健康與成功。

相信自己行就一定行

「深信自己一定能行」這種思想可以帶來我們無窮的力量。你在萬事萬物之上，你比任何其他事物都優越，你可以創造一切。基督教的教義：「耶穌做得到，我們也能做得到，還能做得更好。」這個教義帶給人心是人人都可以成爲傑出人物。

人類具有偉大的力量就是他們能夠認識自身的偉大。普通人資質平庸，軟弱無力，主要原因在於他們沒有意識自身的潛力。心理學家已經證實人類的潛力是無窮無盡，每個人都有潛能。相信自己有多行就有多行，就會開發自己的潛能了。

相信自己能行，可以給自己增加自信，使自己變得更加堅定。就精神層面看，相信自己能行，會激發自己的內在潛力，提高自己的能力。相信自己的能力就能發展自己的能力。例如一位相信自己能在蕭條時代，從「一無所有」的窮光蛋站起來，成爲富翁。這樣的「相信自己能夠轉窮爲富」的信念，必轉化成自信，自我鞭策，讓他有所行動，培養商業才能，往富有目標邁進。

沒有什麼器官是我們不具備。某些器官都處在休眠狀態，等主人喚醒它。就科學邏輯來說，當一個人認爲自己有能力做某件自己想做的事時，思想就會對目標實現緊密相關器官，採取行動，而一旦相互對應器官採取行動，爲其提供源源不絕的營養，相應器官會壯大，直至最終有能力去做我們想做的事。

例如一個渴望賺錢或發明創造或成爲文學家，思想會對負責財務、發明與文學的**相應器官產生作用**，然後啟動它內在的潛力，使它越來越活躍發展，去實現主人想實現的夢想。

有一個重要定律；**如果我們關注自己某一種天分（如科學／商業／音樂／文學／藝術，無形當中也就爲能量創造這種天分。**如果你是發明者，那就堅定信念，將你所有能量用在發明上。如果你是作家，就要將你能量用在文學天賦上。各行各業，只要你將你的能量用在你從事的事業中，你就會發覺你在這方面的能力與才能不斷增長，你處在進步當中，做得比過去好，你成爲你那行業中的天才，你可以創造一切。

專注追求的目標，並有堅強意志

集中精力可以說打開成功大門的一把萬能鑰匙；力量分散是一切失敗的根源。很多人無法成功，就是對於目標三心二意，朝令夕改；今天想做這個，明天想做那個，目標換來換去，力量分散，以致一事無成。

人的能量要有效正確利用，**必須將所有能量用在同一個方向，這樣才能集中全部力量往前**。一旦相信自己能做的事，可以實現的目標，就必須下定決心去做。這種決心要堅定無比，充滿深沉的情感，深沉到足以激發全部的生命力量，將全部凝聚起來，爲實現目標而奮鬥。

如何維持高度專注力量呢。有二種方法。首先試著感覺自己注意力在整個思想運動情形。簡單來說，我們集中精力時，就要深化我們的思想，思想越深化，精力越集中。其次是對自己關注事物感到興趣。以最有意思的角度來看自己追求，一旦產生濃厚興趣，自然就會集中精力了。

當你滿懷興趣，集中精力並可能將自己融入其中，那麼你體內所有剩餘能量都會一齊湧向你注意力所集中的事。有一個著名的定律是說，當你深信自己要達到某種高峰境界，你堅持不斷去實踐，經過長時間努力，宇宙會獲悉你的崇高心願並幫助你實現它。

沒有一個堅強意志是不可能成爲天才的，不論你天賦

有多高。不管別人追求什麼，只執著自己的追求，用全部的力量爲實現自己的理想而奮鬥。人一旦確立自己追求，正視自己想要的東西，就要下定決心堅持到底。

倘若一項才能有強大意志力的支撐，則其能力和效率皆可達到事半功倍的效果。要培養堅強意志力，要避免「沉溺酒精」；避免情緒化。如果一個人想要過自己想過的生活，掌握自己的命運，就要學會駕馭自己，有很強自制力，讓自己培養良好生活習慣，對於酒精都能斷然拒絕，且不容許讓憤怒、悲傷與失望的情緒淹沒自己，以致削弱自己奮鬥的意志。

我們活著是爲了有所成就。有所成就就是對想追求的目標，集中精力專注地追求，並有堅強意志，竭盡全力去做，正確引導使其壯大，不輕易放棄直到成功。

你的思想決定你的未來。你的思想有多健康，你的未來就有多健康；你的思想有多繁榮，你的未來就有多繁榮。瘟疫是很可怕；經濟崩盤是大蕭條，但人站在萬物之上，有無比無窮的潛力；只要你有新思維，喚醒內在那位巨人，你足可安然度過大危機，很健康且有活力，去成就你生命史上以來，最嶄新輝煌的事業。

每個時代與個人都有大蕭條，只要你現在培養偉大思考，相信自己行就一定行，專注目標追求，堅強意志去實現，自助之天必助之；很快會度過大蕭條，創造奇蹟與榮景。大大祝福你：成爲大蕭條中的富足者。

思考致富的作家——拿破崙·希爾

凡人心所能想像的並且相信的，終必實現

——拿破崙·希爾

「18歲的小夥子，你願不願意花20年時間訪問500位成功人士？」美國鋼鐵大王安德魯·卡內基炯炯有神問這位爲雜誌社工作，訪問他的拿破崙·希爾大學生。

「你會提供錢財資助我嗎？」18歲的拿破崙·希爾問。

「小夥子，我會幫忙介紹成功人士給你，但不會給你任何一毛錢。因爲用金錢去幫助一個人，很可能毀掉這個人；這個人必須透過自我奮鬥才能發展才智，取得成功。」鋼鐵大王鏗鏘有力說明自己的思考。

「好。我願意靠自己能力，自我努力奮鬥去花20年時間去訪問500位成功人士。」拿破崙·希爾雖是大學生，卻很明快且自信答應這項很很不簡單的大事。

拿破崙充滿自信走出這位卡內基鋼鐵大王大門。他回想自己這股龐大的自信是來自繼母的教導。從小頑劣的他，父親對他總是批評與論斷，認爲他將來不會有成就的。父親常在大人面前說他的不是，令他顏面與自尊心喪失。直到母親去世，繼母嫁給他的爸爸後，才整個改觀。

繼母是個棒極了的母親，對這位不是親生孩子常常肯定有加；**她不看拿破崙・希爾頑劣一面，她要喚醒繼子沉睡的天才**。自此拿破崙・希爾在繼母千萬次肯定下，日益充滿自信，雖然家庭貧窮，仍要接受大學教育，他半工半讀爲雜誌社工作，自力更生。

當拿破崙・希爾接受這個花20年，要訪問500位成功人士的神聖工作，他有沒有半途而廢嗎？他以此爲自己座右銘每天激勵自己：

「凡人心所能想像的並且相信的，終必實現。」

寫作沒有出版，是身無分文的。在實踐諾言過程中，希爾遭遇被事業夥伴出賣；被仇家追殺躲到鄉下；家人對他的「訪問500位成功人士」的偉大事業並不是很認同。「要不要做下去」」完全在自己的思考。你認爲自己輸了，做不到，就會做不到，違背對卡內基的諾言；你認爲自己贏了，做得到，就會做得到，實現對卡內基的諾言。他整個的腦袋瓜迴盪這樣正面思想觀，讓他成爲越挫越勇的前進者。

拿破崙・希爾組成有形智囊團與無形智囊團來增加自己的腦力。他知道人的偉大等同其思想範圍。就像卡內基鋼鐵大王有50個人所組成智囊團，幫助他賺取世界的財富，立於不敗之地位。人的偉大力量可由心靈的友善結盟

而產生的，如福特結交發明大王愛迪生成爲好朋友後，也漸漸建立汽車大王事業。

「思考致富」，一點也不假，所有的財富來自思考與觀念啊。我不要單獨完成我的工作，我要一群人來一起完成我的夢啊！」

「我有專注目標：20年訪問500位的成功人士，內心無比渴望驅使我去完成，我常常早晚朗誦我那偉大目標，即使遇到親友的嘲笑與離去，我依然堅持下去。我的思考就是我的軍師，何況我有智囊團腦力激盪，智慧火花照亮我的寫作內容，我寫出的作品不是抄襲而來的，是500多位成功人士思考匯集下，讓我一一充滿創新創意與來自生命的經驗故事，**成功是可以複製的；想當有錢人是可以複製的，完全在積極的思考。**」

拿破崙・希爾有時面對飄雪冬天若有所思；有時走在萬紫千紅的春天想著這些成功人士的逆轉勝情節；有時候在面對高山衆鳥飛翔身影；有時候踩在大海彩霞輝映的沙灘上；希爾的思考與所有成功人士和諧結盟。希爾在創造者的萬物之美下，他體會寧靜思考的力量，而這思考是任何人無法奪去的，他頓悟了：

「**思考致富。人有錢或貧窮完全取決他如何思考。**就像卡內基／愛迪生／亨利・福特／洛克菲勒等人，都有偉

大夢想的思考，他們是有相同的信念：

『你要想成爲怎樣優秀的人，就會成爲怎樣優秀的人。**大凡有決心，有準備，志在必得，充滿鬥志與不畏懼失敗的人，有朝一日，他必能擁有金錢、名聲、讚譽與幸福。**』」

經過30年訪問與筆耕嘔心泣血，拿破崙・希爾終於完成劃時代《思考致富聖經》。在1937年首版時，振興1929～1939年經濟大蕭條的美國社會，因卓越思想受聘爲羅斯福總統顧問。在拿破崙・希爾（1883-1970）87歲去世後，他的《思考致富聖經》一系列的暢銷到全世界，當然包括台灣。拿破崙・希爾的勵志書成了勵志書賣最好的。在台灣的我，之所以會成立無形心靈智囊團與寫心靈勵志文章，全是受希爾的深刻影響，今天很感謝這位成功學作家。

鑽出牛角尖，活出非凡的人生
——偉恩·戴爾

主啊，讓我成為你的和平工具，
在有仇恨的地方，讓我播下愛，
在傷痛地方，播下寬恕，
在疑慮的地方，播下信心，
在絕望地方，播下希望，
在黑暗地方，播下光明，
在悲傷地方，播下喜樂。

——聖方濟

以上這首13世紀聖方濟所寫的詩，是偉恩·戴爾博士（Dr. Wayne Dyre）所推崇的。人是神的代言體，有神聖的本性，去克服生命難題，以愛服務他人。

最近這一週不斷研讀美國心理導師偉恩·戴爾博士（Dr. Wayne Dyre）去世前的嘔心泣血著作——《看見神性生命的奇蹟》，將他自己這一生（1940~2015）七十五年歲月，真實呈現在讀者面前，從書中閱讀得知每個事件會讓人學到功課與帶來啟示。

這是作者現身說法，以身作則實踐一個生命眞理：鑽出牛角尖，活出非凡的人生。今晨爲了寫偉恩・戴爾博士，繼續閱讀他的作品，想更了解他的讓人學習生命內涵，將他的光輝生命分享給我的讀者。以下是我對偉恩・戴爾博士所寫《看見神性生命的奇蹟》很深刻的心得：

別再鑽牛角尖，你有神性扭轉劣勢

偉恩・戴爾博士可以一生有足夠藉口不去奮鬥，終日唉聲嘆氣，抑鬱地鑽牛角尖。偉恩・戴爾出生在一個遭父親遺棄的家，母親無法單靠一人的微薄薪資扶養他與兩位哥哥，所以偉恩從小就住過好幾個寄養家庭。雖然寄養家庭的遭遇很可憐，但小小年紀偉恩會轉移自己注意力在寄養家庭美麗事物，如好花開的花園。他用這個方式幫助跟他一樣可憐別的寄養孩童。偉恩因父親遺棄不負責任，所以他很早就學會自立自強，自己賺錢讀書。他不埋怨母親，爲什麼沒長好眼睛，去嫁一個爛男人，讓他與兩位哥哥受苦，他內心充滿是要創造自己生命的奇蹟。

所以，媽媽很欣慰有這位懂事上進的好兒子。當他去讀美國海軍學校快畢業時，就渴望自己有一天去讀大學，當一名教師。他省吃儉用，幾乎將超過二分之一的薪資一一存起來，爲了讀大學買車與繳人學的學費。從他想讀大學那天開始，他以手不釋卷閱讀，他的海軍同袍在度假玩樂時，他不爲所動專心在準備讀大學的書籍。讀大學是他創造生命奇蹟的第一步，他必須完全預備，這樣奇蹟的門才會開啟。

偉恩說：「生活方式只有兩種，一種是彷彿是世上沒有奇蹟，另一種是彷彿一切人事物都是奇蹟。」

偉恩的高中成績是不足以讓他申請到好大學，只能讀社區大學，但奇蹟總是光臨那些辛勤努力有所準備的人。由於偉恩常常義務教導分享他的讀書心得於海軍同袍與加上他刻意練習寫作的文章發表，於是貴人紛紛出現，讓他美夢成眞進入他想進入有名大學。一位父親棄養的兒子，應該走歧路變壞，他已經扭轉劣勢，成爲一名大學生。從偉恩入大學校門開始，就比一般同學還要認眞修課，他的生活沒有「翹課」這兩個字，全力以赴投入春去秋來整整八年從大學——碩士——博士，八年苦讀研究使這位不被看好入學的偉恩成爲一位成績優異的教育諮商博士，前途一片光明燦爛，這個生命第二個奇蹟的光芒足讓他的母親與兩位兄長感到無比榮耀。拿到博士學位的偉恩．戴爾，遵從內在夢想：成爲一名教師。當偉恩成爲老師，不管在高中或大學的學府或演講廳，他都以無比熱情將他所知道教導給他的學生與激勵聽他演說的人。他認爲，每個人只要願意選擇完成待完成自己的使命，人人都可以進入處處都是奇蹟的魔法的祕密花園。

偉恩．戴爾說：

「每個人都是神聖的，是神的片段。我們全都來自神，很可惜是許多人將神聖（sacred）活出恐懼

（scared）。每個人的眞實本質是擁有可以創造眞實魔法的能力，我們要消除疑慮，不再鑽牛角尖，將高我從小我解放出來。」

偉恩．戴爾以無比生命熱情，扮演各樣角色，他成了受歡迎的大學教授，激勵人心的演講家及寫四十本以上著作，再度在他生命之冊上書寫奇蹟故事。

寬恕的力量

偉恩．戴爾從小生長在寄養家庭，從未見過自己親生父親。他一直想了解自己父親，但從母親口中是一位不負家庭責任落跑父親，兩位兄長根本不想說父親這個主題，因爲那是讓他們三個兄弟沒有完整的家，童年都是在一個又一個陌生寄養家庭度過；很早就要賺錢自食其力，父親於他們是災難，是命運的咒詛。身爲老么的偉恩．戴爾，一直渴望打聽父親的消息，希望可以見到親生父親，讓父親以他爲榮。在祖母葬禮上，期待父親會出席自己母親去世告別式，但父親依然缺席，不見蹤影。陸續從親戚朋友中得知父親，後來還隱瞞自己結婚有孩子的事實，再度結婚再度拋棄女人，遠走他鄉。

所有聽來的有關父親都是遭糕不能再遭糕的男人。偉恩常做惡夢，在夢中會揍打父親，以消他的長期父親缺席不負責任的憤怒。但他醒過來，內在還是有升起對父親憐憫溫柔的兒子之情。所有人類的靈性是相互的連結相通。

生命最高存在體知道偉恩・戴爾一直尋找父親，打聽父親的下落，因爲父親好像如一隻斷的線風箏，完全斷絕所有消息。奇妙的是以各樣巧合，讓對的人告訴父親的最後在哪裡。

當偉恩・戴爾根據線索找到父親時，那是專門埋葬窮苦人家的墓地。偉恩淚流滿面站在從未見只活50歲的父親墓前，說了一連串思念父親的情懷，當然埋怨他不負責任棄家不顧，讓他三個兒子吃了好多同齡孩子沒有的苦。不知道怎樣，偉恩感受死去父親的臨在，很用心在傾聽他說話，聽他訴說滿腹委屈辛酸。

站在父親墳墓面前說了想說的話，等於了結多年來的心願，他對空氣中的臨在父親說：

「父親，我原諒你；
父親，我愛你。」

偉恩・戴爾在《看見神性生命奇蹟》寫著：

「如果有人問我，人生最具意義的經驗是什麼，我會回答一九七四年八月三十，密西西北洲比洛克西，在父親的墳墓前寬恕他，愛他。在這之後，以愛來洗淨我靈魂裡內在憤怒帶來的毒素。如同聖奧古斯丁（St. Augustin）獻給大家偉大訓示：『寬恕是罪的赦免。』聖經所說：『爲咒詛你們的人祝福，爲侮辱你們人禱告。』」自從偉恩，戴爾寬恕自己不負家庭責任的父親後，父親的罪得赦免，他自己從卡卡的人生掙脫出來，他如釋負重擺脫過去，與憤怒告別，朝向更偉大使命的生命大道。」

「原來寬恕父親，等同寬恕自己；向父親說，我愛你，等同向自己出生生命說，我愛你。寬恕力量是愛，人類最崇尚的美德。」

每個人都是天才，人人都可以創造奇蹟

偉恩博士認爲每個人都有神性，是可以解決各樣排山倒海的災難，讓自己找到解脫之道，締造無數的奇蹟。他很喜歡引用巴克敏絲特．富勒（Buckmister Fuller）說：「每個人生來便是天才，但生活過程使他們離天才越來越遠。」這生活過程包括懷疑，過多擔憂，恐懼與一些很錯誤意念，讓自己生命離開神性與天才，以致活出如他父親這樣悲慘人生。他書寫他的一位非洲女性年輕朋友歷經100天大屠殺，躲在一個密閉小房間，逃過過死亡；希特勒大屠殺倖存者——憑著要活下來見親人的意念的心理學家法蘭克福，後來倡導生命意義。這都是神性的生命奇蹟。

偉恩．戴爾自己同樣有奇蹟的經歷。那一天，他在膝蓋受傷下，志願背著一位行動不便要參訪聖達勉堂，聖女佳蘭住家，那是三樓地方。偉恩不顧自己腳膝蓋受傷，義務在背負肌肉萎縮行動不便約翰。偉恩在上樓時，感到自己雙腳十分沉重無力，驀地看見13世紀的聖方濟清晰顯相，向他招手比向上手勢，當他站起來，頓時他感到精

力充沛，後來受傷膝蓋因偉恩·戴爾對朋友義舉，在貧窮修女會被醫治痊癒了，他知道每個人都與無形崇高力量相通，那是一種量子時刻。正如聖經云：「太初有道，道與神同在，道就是神。」偉恩·戴爾說：

「那天在聖達勉堂，我學到一個眞理——奇蹟發生在當我們的想法和做法與神相同時。那天我不求回報的服務，帶來奇蹟。」

我們每個人都有一份天命。透過靜心去了解發生在生命的事件，每個事件都讓你成長，看見更多生命的小火光。偉恩過去因要教學上課，且有很多個案諮商，搞得自己一片忙亂，這時他選擇到附近一個充滿鳥鳴花開的地方靜心一段時間，在大自然靜心後，他又充滿正能量熱情教學，喜悅面對愁苦的個案。所以他本身會要求自己每天有靜心的時刻與偉大力量連結，才能恢復生命的神性，彰顯服務他人的愛。

偉恩博士很喜歡這段話：

「千萬別忘記
你是獨一無二的
如果完全不需要你在這個地球上
展現你的獨特性，
你一開始就不會出現在這裡。」

所有發生在你生命事件都是有意義，以感恩心去接受，你可以安然度過。鑽出牛角尖，以愛眼光饒恕你不能饒恕的人；寬恕打開你的心結，你可以去完成更大使命。你是天才，生來有神性，與宇宙神性相通，可以心想事成，締造奇蹟，活出非凡的人生。

Memo

創辦空中英語教室
——彭蒙惠

她的生命是條愛河，
帶著屬天的愛，
從美國到台灣。
流呀流，
從青春花樣年華，
到銀髮尊貴老婦，
歌詠兜是愛。
愛是不分種族與國家，
要人彼此幫助照亮心靈，
將心中的恨化為愛人如己。

每當我坐在我家收看Good TV的「大家說英語」節目，期待打開，滿足半小時的學習英語時光，英文逐日進步中；這樣省錢又有效的學習方式，幫助好多想學好英文擁抱世界的台灣學生與成人。是誰創辦的空中英語教室，那麼有影響力，那麼偉大？一位美國女阿兜1926年生於美國西雅圖，英文名字爲Doris，中文名字是彭蒙惠。在

1951年，她25歲，花樣年華的年紀到台灣的花蓮傳福音。

花蓮當時是窮苦偏鄉，原住民居多。一位捨優渥舒適美國生活，甘心樂意到異國偏鄉，睡地板，不添購衣服；除了生活所需與吃飯的錢，其他全部拿出來幫助花蓮的孩子，爲沒鞋穿孩童買鞋，還帶未到台北玩的原住民孩子到台北玩。她只是美國年輕女孩啊，卻這樣付出愛，很多當地原住民與孩童對這個金髮藍眼睛的女阿兜很感動，就這樣走進教會聽福音。彭蒙惠了解「英語」是世界語言，非常重要。她有感於台灣當時英文教育的不足與缺乏，她決定推廣英語，以英語散播愛。

1962年，36歲的彭蒙惠創辦「空中英語教室」。空中英語教室的節目生動活潑，內容既生活化又國際化，不管是透過雜誌或收看電視播出，都帶給台灣想學好英文的男女老少，全方位學習教材與視聽享受，不但立足台灣，且胸懷世界；既愛台灣又愛世界；猶如彭蒙惠的榜樣——愛美國故鄉也擁抱異國台灣。

「以前做，現在仍做，以後繼續做」，這是彭蒙惠的堅持志業的信念。

《空中英語教室》從1962年至今2022年，60年了，一甲子的歲月，培育多少年輕學子走向世界，豐富多少台灣人的心靈。想一想自己，堅持自己的夢想，或一個工作的付出，常常灰心或想要放棄，彭蒙惠那種度過《空中英語教室》早期回美國募款，與教會同工省吃儉用，甚至有教會同工典當家中東西籌生活費，排除萬難，在克難環境錄音，就是要讓「空中英語教室」不要無疾而終，不要輕言放棄。

不要輕言放棄。彭蒙惠是一位不要輕言放棄的人。當初她在12歲與上帝約定，長大後要到中國傳教。在22歲到中國宣教，遇到國共內戰，歷經戰爭的可怕，九死一生到香港。當時很多人勸這位年輕女孩應該回安全家鄉——美國。這位年輕女阿兜不聽勸告，她認爲到海外宣教不到兩年就打道回府就是失敗，是放棄，所以毅然決然從香港到與中國同文同種的福爾摩沙——台灣。從1951年，當時她24歲到台灣，2022年，她已經96歲了，71年歲月愛著台灣。一顆勇敢高貴的靈魂，活出愛超越國際，愛是往前，不回頭，一生的堅持。彭蒙惠說：

「**《聖經》裡沒有『退休』兩個字。只要還能做，爲什麼要退休？不要讓『退』存在腦海裡，要直接刪除掉。**人終其一生都要繼續往前，我們從這個生命走到另一個生命，我們不要退，要往前。現在你可能沒有體力繼續當餐廳服務生，但可以到醫院服務病人，你仍然在做事，而不是整天退休之後，成天坐著看電視，那就沒有意思了。」

是的，爲什麼花大塊時間在電視肥皂劇或網路八卦新聞，這樣日子去做志工或如王建煊要建無子西瓜樂園的美事，不是有價值有意義嗎？

90歲的彭蒙惠的生日感言：「我還要繼續幫助別人，施比受更有福。」

在今年（2022年）96歲的彭蒙惠還是很年輕有活力，繼續關心「空中英語教室」的發展，帶領天韻合唱團以歌聲傳播上帝的愛。如果你比她年輕，更沒有資格在家憂憂愁愁，說自己一點不快樂，不知道如何打發虛空日子。你可以如60歲的我，每天撥出時間聽「空中英語教室」，加強自己的英文，讓自己更國際化，有年輕眼光接觸新事物。

學習永遠會讓自己年輕有用，彭蒙惠56歲，還去學潛水。已經超過90歲的她，也學會用智慧型手機與APP。她用學習精神於她關心的事業，就是要讓她的創辦「空中英語教室」與「天韻合唱團」更現代化，以符合時代潮流與需要。人就是要學習，不管幾歲，是什麼位置，只要一顆如彭蒙惠年輕的心，都是相當進步與新世界接軌。不要怕增加歲月；不要恐懼年老，一顆學習的心讓你在世界是閃亮的，有用的器皿。

我很喜歡彭蒙惠，每次收看這麼優質空中英語教室的節目，就感動一次。一個人一輩子可以創辦一個當地很需要的事業，且一做就是60年，還要繼續做下去，這樣生命多麼有意義，如天上星，地上鑽石，璀璨發光，來照亮陰暗的心靈。不要說人生是虛空的；你可以去做一件好事，或實踐一個美夢，或學習新事物，堅持至少30年，40年，

50年；我想，你的人生不再虛空，如彭蒙惠是位豐富有無限價值的人。

不要擔憂新冠病毒疫情或變種多可怕，好好珍惜今天，當下做好每件事。這位歷經可怕國共戰爭，與當時台灣衛生條件差的50，60年代，看過多少生離死別與意外事件。充滿正面陽光的彭蒙惠說：**「不要爲明天憂慮，過好每個今天就足夠了。」**只要心永懷希望，你像野地的花，天上的飛鳥，都有天父的保護與看顧，就如同彭蒙惠，一生都在神的保護與平安中。眞的，過多擔憂，反而使人生病，甚至短命。

筆者寫這篇文章，閱讀有關這位女阿兜故事，就是感動再感動，她是愛的小河，愛人的榜樣，台灣何其有幸，有這位金髮藍眼睛奉獻已經70年，台灣人因她看見需要的奉獻，台灣人的英文進步了，且走在眞理道路上，轉化無數台灣人的生命。我們都好愛這位阿兜，擁抱這位阿兜，感謝她讓人流淚的無私奉獻。

讓我們向彭蒙惠，這位愛台灣的女阿兜的生命哲學：

人的一生每一天都要繼續往前，
持續學習，沒有退字。
生命是條愛河，充滿著愛與付出，
流到乾渴有需要的地方。
25歲到96歲的每天生命河川，
都是年輕的，都是往前的。

2022/06/10

締造自己與國家事業傳奇——張忠謀

如果我看得遠，是因為我站在巨人肩膀上。

——牛頓，英國科學家

張忠謀創辦台積電半導體，成爲世界級的頂尖企業，爲台灣衆多青年子弟創造很好就業機會，促進台灣經濟繁榮；是一位根留台灣，懂得飲水思源，讓台灣發光，站在世界舞台的重要人物。

台灣在新型冠狀病毒疫情三級時，需要充足疫苗施打，全民才有抗體防疫，恢復以往的國泰民安。台積電創辦人張忠謀代表台灣出席亞太經濟合作會議（APEC），向出席領袖說；「台灣需要更多疫苗，而且需要盡快地取得。」

創辦台積電張忠謀已經第四次代表台灣出席亞太經濟合作會議（APEC）（2006、2018、2019、2021）。一位受到總統重用代表台灣出席APEC四次，應該鳳毛麟角，可見張忠謀的半導體的世界龍頭地位。這次美國願意捐贈台灣250萬劑莫德納疫苗，是美國現實經濟考量，因爲台灣是全世界半導體供應國，要維護台灣人民（包括台積電員工）健康；所以，**張忠謀所創辦「台積電」被台灣媒體推崇爲「護國神山」**。本文就書寫這位令人世界各國讚賞及後代學習的大人物。

張忠謀1931年出生於浙江寧波，家中獨子。父親曾擔任財政處長，家境優渥。因戰爭關係，住過南京、廣州，重慶、上海。1948年輾轉到香港培英中學完成高中學業，準備出國讀書。從小博覽群書的張忠謀，本想當作家，後來接受父親「學工程」容易謀生的建議。美國的麻省理工學院是世界有名大學，培養各樣傑出的工程人才，張忠謀就以麻省理工學院爲申請首要大學。

張忠謀有一位叔叔在美國教書。這位叔叔提出他的建議：張忠謀第一年先去哈佛大學讀一年，接受哈佛大學人文教育的薰陶，認識在美國最高學府就讀菁英同學，以培養日後恢弘廣納百川的生命氣度。張忠謀的爸爸接受這個很有遠見的建議。18歲的張忠謀就進入哈佛大學讀書，當時哈佛學校只有他一位中國人，教授沒有種族的歧視，對張忠謀很關心，很重視這位黃皮膚黃種人的學生，建議張忠謀要廣讀海明威、荷馬、蕭伯納的文學作品，啟迪自己的思考，建立獨立思考的人文內涵。

哈佛大學是所眞正落實德智體群美教育的學校，不同於亞洲學校只重視考試成績；所有學生除了要修人文學科外，還要會運動與游泳，參與社團與服務性課外活動。張忠謀在哈佛一年，飽讀文學書籍，學會打橋牌，修外國語文並養成運動健身的習慣，這種「思想自由、但生活嚴謹」的哈佛一年學習生涯，是張忠謀回憶中最愉悅的精神饗宴，身心靈舒展成長時期，最鍾愛時光；這些豐富多元學習活動經驗，雖短短一年，卻奠定他一生人文深入思考的基礎。如同他引用牛頓的話：

「如果我看得遠，是因爲我站在巨人肩膀上。」

在哈佛大學就讀一年，張忠謀讀到聖經的箴言：「快跑的未必能贏，力戰的未必得勝……；所臨到衆人的，是因爲時間與機會。」這寶貴箴言鐫刻當時年輕18歲的心靈，沒想到成爲日後這位半導體教父的企業經營哲學。

在哈佛大學讀一年後，張忠謀就轉學到麻省理工學院就讀機械系。張忠謀是位刻苦自律的人，對於學習專業上，他可說是全力以赴，對所學科目務必徹底了解，以很用功很嚴謹態度來學習所上的課程。張忠謀以大概3年時間完成麻省理工學院的學士與碩士學位。張忠謀經過3年在機械專業精進認眞鑽研，可說是就業市場的搶手人物。他以21歲（1952年）年齡，進入就業市場開始他的人生工作了，同時經人介紹與同來自中國的克里絲汀·陳結婚。

一個人在工作亮麗表現，完全是他專業與敬業的態度。張忠謀無論在哪家公司工作，他都將工作擺第一，認爲生命最大意義就是工作。張忠謀有一句名言：

「我工作，所以我存在。假如我沒有工作，我的人生就沒有意義。」

24歲張忠謀在公司接觸半導體。學機械出身的張忠謀，爲了讓自己在工作更卓越更勝任，白天認眞工作，夜晚自己花很多時間自修半導體，若遇見不懂就請教半導體專家朋友。以張忠謀的工作標準，學習新知也是工作一部分，不斷學習，才會讓工作不斷推陳出新，領航同業。張忠謀27歲（1958年）到德州儀器事業部門工作，他的到來，大大提高德州儀器營業額，出色的工作表現，在德州儀器3年，就獲提拔爲工程部的經理。

如果你夠優秀，公司爲了留才，會提供很好進修機會與福利。張忠謀一直想完博士學位的夢想，可惜申請麻省理工學院博士都失敗，2年後，張忠謀轉申請史丹佛大學博士電機系成功。德州儀器公司給予張忠謀非常好進修條件：留薪停職進修史丹佛大學博士學位。張忠謀在那3年學校時間向半導體專家老師學習半導體，在半導體名師指導下，成就張忠謀這位高徒的半導體深厚基礎。

「唯世界一流專業方能傲視群倫，走向世界舞台。」

以此成爲張忠謀成功最佳註腳。

張忠謀33歲（1964年）拿到博士學位實踐他心頭的博士夢。德州儀器這樣唯才適用，禮遇人才的美式作風，影響他後來領軍台積電，只要台積電有賺錢，就很慷慨分享紅利配股給員工有關。所以很多在台積電優秀員工願意忠心跟隨老闆，兢兢業業在台積電工作，主要就是張忠謀這

樣禮遇人才紅利回饋制度有關。

張忠謀是一位懂得感恩報恩的人。美國德州儀器公司給予他拿薪水進修史丹佛博士學位，所以他盡心盡力盡意付出他的智慧能力與創新在公司營業成績上，爲公司立下汗馬功勞，可說是同事人眼中接班人人選。在董事會種種考量下，可惜接班人不是他。在1983年，張忠謀離開服務24年的德州儀器公司，到通用儀器公司擔任營運長。

人生不是一帆風順，有悲歡離合。一向將工作擺第一的張忠謀，在公司表現可圈可點有目共睹，卻無法成爲美國德州儀器公司的接班人，算是生命很大打擊。另外還有因張忠謀忙碌於工作，疏忽婚姻的經營，婚姻亮紅燈分居，後來他與克里絲汀．陳離婚；還有他的獨生女發生嚴重的車禍，經過2年才逐漸復原。工作、婚姻與獨生女車禍，這三件不如意大事在一向很聰明很有能力的50多歲張忠謀心上狠狠劃上三刀，滄桑缺憾感油然而生。走過這段不順利的痛苦日子，後來成爲「台灣半導體教父」張忠謀說：

「**我體會到每個生命都有缺陷，所以我不會再與別人做無謂的比較**，反而更能珍惜自己所擁有一切。」

張忠謀是位勇於接受挑戰的人。1985年，54歲的他不再眷戀美國有名有錢有地位，他想要創造自己另一個希望人生；經過思考後，於是他接受當時台灣行政院長孫運璿與李國鼎之邀，到台灣擔任工業技術研究院院長。台灣很多56歲的人，都開始退休養老，過遊山玩水愜意生活，56歲張忠謀走一條與衆不同的路——創業。他在台灣創辦台積電。台積電創業日子是以他的座右銘爲他經營的信念。張忠謀說：

「**我的座右銘是誠信正直。**誠就是不講謊話。不只是對熟人不說謊話，就是任何時候不說謊。對顧客品質要求誠實，不欺騙，以最高品質滿足顧客需要。信就是你要做什麼，你就不計代價完成。這樣理念使公司贏得顧客的心，即使台積電價格比別家高些，但我們所創造價值，讓世界一流公司都願意向我們下訂單。」

一個人的成功是建立在長久的努力上。這位台灣半導體之父張忠謀每天有閱讀習慣。作家褚士瑩說：「如果台灣人平均每天讀23分鐘話，那麼張忠謀每天閱讀5個小時。你與張忠謀相差13倍閱讀時間。」從18歲入哈佛大學到87歲從台積電退休，約70年時間，每天非常自律要求自己要閱讀吸收新知。在他對交通大學的學生說：「要學習世界與把英文學好。我每月都要讀2本書，讀〈國際先鋒論壇〉、〈經濟學人雜誌〉。」張忠謀說：

「不管人生或事業，都是跑馬拉松，成功往往是長久的努力，不是一兩年就能做到。我鼓勵人要保持終身學習的習慣，學習是有目標、有紀律與有計畫。」

張忠謀雖熱愛工作，創辦台積電響亮的品牌，他心目中的成功不只是事業成功，還有心中的幸福滿足感。與第一任太太分開後，愛情的缺口一直都在，算是他的生命不成功地方。多年後，他終於遇見很了解他的優質美麗女性——張淑芬。張忠謀70歲那年再婚，他與張淑芬成了一對恩愛相互扶持的夫妻。張淑芬細心貼心爲他料理三餐，每天陪伴在旁。如此春去秋來，兩人結婚已經20年了，夫妻個性互補互助，牽手一起聽音樂會，欣賞畫作，一起閒話家常談心；這樣婚姻幸福是他所追求的，這樣恩愛與幸福就是他所謂成功。

一個人能夠在56歲開始創業，87歲從自己創辦公司退休下來，用30年歲月打造一個傲視世界的半導體傳奇，並被《時代雜誌》評爲全球最有影響力的26位總經理；也入選富士比全球百大現今最偉大商業思想家之一，如此讓世界各國對他刮目相看，對台灣與世界做出偉大貢獻；這就是張忠謀的傳奇。

「台灣現在太憤世嫉俗，連年輕人都變成憤世嫉俗。」張忠謀曾如此說。

書寫張忠謀，筆者閱讀有關張忠謀的資料，我體悟到：一個人能夠打造一生傳奇，對國家與世界做出貢獻，完全是張忠謀誠信正直的好品德；世界一流大學的專業基礎與用一生歲月自強不息學習，這三方面大氣磅礴書寫在張忠謀生命榮耀冊上。當你批評台灣，不滿台灣社會種種腐化，那麼就向張忠謀學習吧，下一個台灣護國神山說不定是你或你家的後裔，祝福你。

以舞蹈貢獻社會國家——林懷民

讓成果永續的祕訣，就是永不停止追求進步或改善。

——詹姆斯．克利爾，美國「習慣學院」的創辦人

「舞蹈」在台灣社會，一向是女生的興趣，無法當男生偉業來看待。如果你家兒子向你提出他要「以舞蹈貢獻社會國家」，你是家長會同意嗎？

這個爲難問題發生在1973年的台灣的大官的家庭中。家長是林金生，曾擔任嘉義縣縣長，交通／內政部部長，兒子是林懷民，家中的長子；從美國耶魯大學留學回到台灣，時年26歲，很大膽向父親提出要以舞蹈爲職業。

林懷民（1947年生）出自名門，曾祖父林維朝是位清朝秀才；祖父是留日名醫；所以其父親林金生一聽說自己兒子要這樣的生涯規劃，想必有過幾番掙扎與失眠。開明父親還是點頭答應讓自己兒子勇闖自己的人生。

林懷民從小喜愛文學舞蹈；23歲在美國拜師學舞蹈的林懷民，在26歲那樣年輕年紀，英姿煥發創辦「雲門舞集」。林懷民如他的名字，胸懷人民，所以他要以舞蹈爲

媒介，讓台灣各地鄉民開心，要爲台灣創辦一個專業舞蹈團，讓台灣不再是舞蹈的沙漠，而是撒著舞蹈種子在台灣各地，讓舞蹈遍地開花，讓有跳舞恩賜的年輕人都有空間揮灑跳舞。

林懷民說：「你可以失敗，但不可以不相信。」

他相信：他會以舞蹈貢獻台灣，讓全世界看見台灣，他堅定眼神看著爸爸，看著這塊成長的故鄉土地。

玩就玩眞的；跳就跳出夢想。從1973年到2019年，46個春夏秋冬，林懷民所領導的「雲門舞集」是台灣第一個職業舞團，總共跳90支舞蹈，如《白蛇傳》、《薪傳》、《流浪者之歌》、《行草三部曲》、《稻禾》，演出超過1900場，海內外所到之處受到鼓掌讚揚。「你已將我的哀歌變為跳舞，將我的麻衣脫去，給我披上喜樂」（詩篇30：11）。

舞蹈的美學，台灣文化的薪傳與生命的律動，舞進全球各國世人那塊苦悶的心靈黑洞，帶來無比振奮昂揚的跳躍力量；釋放人間枷鎖與世界的牆門，原來舞蹈是人類共同語言。

林懷民的46年的辛勤努力，卓越有成，分別獲頒德國與美國的終身成就獎。在2019年，林懷民72歲那天生日（2月19日），英國國家舞蹈獎頒給雲門爲「最傑出舞團獎」。2019年，他退休了，正是要將棒子傳給下一代。

我們從林懷民身上學習到什麼？筆者分享2點：

勇敢走一條前人沒走過的路

放在心上問自己：「我敢如林懷民，不畏世俗評價與論斷，勇敢以一輩子歲月堅持在『沒有賺大錢沒有升大官』的夢想上，成爲台灣第一位撒下舞蹈種子嗎？」什麼叫做勇敢？勇敢就是敢走一條沒人走過的路。

林懷民來自官宦之家，應該是朝著做大官做大事的路走，尤其生爲家中長子，處在1973年代，台灣民風都認爲舞蹈是雕蟲小技，難登大雅，更別想當個「貢獻社會國家」的大事業。林懷民忠於自己心中的渴望，想爲台灣打開舞蹈視野。美國詩人羅伯特・佛羅斯特（Robert Frost）在〈沒有人走的路〉寫著：

「兩條路，分岔在樹林中
我選擇沒有人走的一條，而一切不同，從此開始」。

每位年輕人面臨職業的選擇，是大選擇；選擇一條沒有人走的路叫做「勇敢」。多少人不敢選擇自己所愛的，怕自己失敗，怕自己悽慘過一輩子。林懷民當時才26歲，就不畏當時台灣社會年輕人的職業標準與父母的期待，就是要選擇「餓不死賺不了大錢的舞蹈爲終生職業」，算是一位相當有氣魄的年輕人，「而一切不同，從此開始」。

每天8小時刻意練習，46年皆如此

林懷民先生是雲門舞集的總監，每天要求雲門舞集的舞者要認眞練習8小時，天天如此，年年如此，46年舞蹈不間斷。（你做得到嗎？）就因這樣辛勤這樣認眞這樣要求自己，雲門舞集不斷有作品在台灣與世界各地演出。林懷民的生活與生命與雲門舞團合一，他用汗水與舞蹈表達自己對自己生命與台灣的熱愛。台灣因林懷民的雲門舞集不再是舞蹈沙漠，同時也培養了不少舞蹈新秀，讓台灣這塊土地，有了世界性的舞蹈演出。

林懷民的成功不是偶然的，來自他不斷精益求精的好習慣，把自己做到最好。正如「「習慣學院」的創辦人詹姆斯・克利爾說：

「讓成果永續的祕訣，就是永不停止追求進步或改善。」

林懷民勇敢選擇一條前人未走的路，以每天刻意練習舞蹈，風雨無阻追求進步，追求舞台上最完美的演出。所有雲門舞集的舞者都是這樣刻苦耐勞且全力以赴一遍又一遍練習著，身上汗水與淚水交織，肌肉痠疼下休息後，繼續再練習，只爲下一場更美更好的演出。原來一場舞蹈短短幾小時演出是多少年努力堆積而成的；正如「台上10分鐘，台下十年練習功夫」。

以上以文字描摹林懷民身影，那是一個**勇敢努力把自己做到最最最好**，以舞蹈貢獻社會國家；得了國際大獎贏得尊敬；在世界舞台上，他是一位有宏偉格局，有東方文化的舞蹈總監，這是台灣人的驕傲。

夢想先知走一條沒人走過的路，如今夢想開花，在風中跳舞。

華人第一位獲奧斯卡獎項的導演——李安

安，要記得你心裡的夢想。

——林惠嘉，李安導演的太太

在台灣第58屆金馬獎頒獎典禮，看見李安導演。成名前與成名後的李安，永遠不變是「謙謙君子」之風。

李安導演，一位國際間享有盛名，亞洲首位獲得奧斯卡的最佳導演；他所拍的「臥虎藏龍」是賣到全世界的經典作品；無人超越；懂得飲水思源的他，永遠以一顆眞心，風塵僕僕從美國回來支持台灣電影。

李安導演的成長史，讓成長濃濃升學主義的亞洲人，帶來很大的思考：每個人都有自己的天賦恩賜，如何讓自己的天賦自由揮灑，成就自己夢想的未來，應該是每個人重要生命課題。人生如戲，我們現在來看李安導演生命幾場重要的戲：

李安的爸爸李昇是台南一中的校長。純樸南部人都想校長兒子一定會在大學金榜題名，考上台大、清華、交通、成功明星大學。出乎意料的李安，算是笨學生，第一次大學聯招名落孫山；重考苦讀再考，還是名落孫山。第二次重考放榜那天，父親李昇難掩失望，對家中長子李安本來寄厚望，沒想到兩次大學聯招都失敗。正要找李安訓話，沒想到李安不見了。知子莫如父，李昇擔心兒子李安想不開，立即請老么李崗去找哥哥。

李崗騎了老半天腳踏車在海邊發現哥哥李安。

整個偌大安平海邊就是落榜人的安慰處，避開親友過度關心，加上內心的自己嘲笑自己：「李安沒出息，就是笨，無法如聰明同學考上明星大學。」台灣的社會就是認爲只有上過大學才會有出息啊。越想越難過，很自責自己辜負校長父親的期待。李安神情落寞看著大海，看著黯淡的遠方。

李崗陪著哥哥散步，散心。天黑了，該回家了；親人永遠支持你。

順著心中的夢，就進入國立藝專（現改爲藝術大學）就讀。在這三年期間，李安的導演與戲劇的天賦，就在這裡完全自由展現。數學對李安來說是惡夢，常考不及格；但戲劇表演導演等項目是對李安來說是甜蜜的好夢：空氣是香甜的，世界是創造的。李安不再是一位升學主義下的笨學生。

在藝專3年裡，李安是天才，成了全校的風雲人物，很多戲劇演出都是他擔任男主角，他得大專話劇最佳男主角獎。

這位男主角是文青，神情與戲劇演活生命了，大家對他讚賞有加。李安在藝專三年，得獎光芒照耀「沒上大學的自卑與遺憾」，師長與同學都看好李安的戲劇與導演前途，如旭日東昇，前途一片光明。

夾著父親要兒子當戲劇教授的李安，到美國喝洋墨水。李安還是讀自己所擅長科目，從學士讀到紐約大學的戲劇碩士。戲劇導演碩士畢業在美國就業市場還是吃虧。李安無片可拍，無事可做，這一失業就六年，窩居在家買菜煮飯看小孩。每天目送太太林惠嘉上班，自己是大男人，倒成了家庭煮夫。

李安在美國當了家庭煮夫六年，家鄉的父母都憂愁知道；岳父岳母來美國探親，岳母還鄭重其事勸李安要有事做，「李安阿，你做菜一流的，可以開飯館，我們可以來投資。」李安親切婉拒，「拍電影才是我的夢想工作啊」，但確實一個家的經濟落在妻子身上，對於一家之主的李安是良心不安的。

看著妻子林惠嘉每天早出晚歸，辛辛苦苦扛起家的重擔，實在不忍。「我是大男人，應該要有收入，那麼我去上電腦課程，這樣就有工作機會。」李安蒐集電腦課程資料的背影，妻子林惠嘉都看在眼裡。幾天後出門前，林惠嘉對丈夫李安說；

「安，要記得你心裡的夢想。」

李安聽了妻子這樣說話，知道愛他很深的妻子，無怨無悔支持他心裡的夢想。「我的夢想是什麼？就是拍出叫好叫座的電影。」

李安不上電腦課程了，開始積極奮發找機會。機會是給認真不放棄的人。我是東方人，結合東方文化智慧與西方電影手法，一定可以拍出讓西方擁抱不同文化與東方耳目一新的片子。李安決定以高度熱情去度過眼前挫折，思考如何突破無戲可拍無事可做的等待。

泰戈爾說：「風就像詩人，飛越海洋，穿過森林，尋找自己的聲音。」出生台灣的李安飛回故鄉台灣，讓自己的電影夢想從故鄉出發。李安花時間寫的劇本——推手，得獎被看見，然後投資被拍攝第一部電影，果然初試啼聲的李安導演，是很會導演人性故事的人；後來又拍出「喜宴」與「飲食男女」，引起很多影評的討論，更多台灣人願意花錢進入戲院去看李安導演的戲，李安成了台灣的電影後起之秀的導演。良師益友徐立功看好李安，邀請李安拍武俠片臥虎藏龍。故鄉的水永遠是甜的，歡迎遊子尋根。

經典武俠片《臥虎藏龍》讓李安成爲名滿天下的世界級導演、同時將周潤發、楊紫瓊、張震與章子怡東方演員推向世界級銀幕上，不斷播放。這部影片劇情內涵與拍攝技巧，激起廣大文化漣漪，史上最暢銷最賣座，成爲全球收入最高的華語電影。東方人（尤其台灣人）以李安爲傲；西方人看見東方的底蘊文化。

臥虎藏龍的電影大成功，從此李安就平步青雲，過著幸福日子嗎？李安生命戲劇還有一個重要憂鬱沮喪的鏡頭：就是李安拍攝《綠巨人浩克》，花上億的大錢拍這部片子，沒想到票房慘淡，評價極低。這對曾經很風光導出《臥虎藏龍》的有名導演，是很嚴重的打擊，李安萌生不再拍電影了。這件事讓李安父親李昇知道了，就對李安說出這輩子的座右銘：

「要拍下去！戴著鋼盔拍下去！」

是的，李安從此帶著鋼盔拍片，不怕高山低谷，不畏票房低落，李安終於以自己對電影使命與熱愛，二者結合剛強力量將將《綠巨人浩克》巨大失敗重擔，拋到九霄雲外去。李安告訴自己：每個人內心都有臥虎藏龍，每人都有天命，拍電影就是我的天命，除了電影之外，我什麼都不會。李安決定用一生熱情與堅持的態度去做生命作擅長的事，這也是他生命活著目的與價值。李安每天醒過來都在問自己：

「我今天要怎樣存活？我今天要拍什麼？」

就是這股帶著鋼盔都要拍下去的堅忍意志，李安導演再度拍出叫好叫座的2006年的《斷背山》、2013年的《少年PI漂流記》，李安獲頒第78屆奧斯卡金像獎與第85屆奧斯卡金像獎的「最佳導演獎」，成了亞洲第一位獲得如此榮耀大獎的人。

以上就是李安導演的幾個重要分水嶺的鏡頭，今年，2021年，李安（1954年出生）67歲，內心仍有夢想的青春之泉，要發揮東西文化交融的創意，爲自己與所愛的人繼續拍片，拍好片是他這一生的天命。從李安導演故事，我們學到了：

◎這社會有主流與非主流的評價，但人的天命是沒有非主流與主流

李安出身在亞洲社會，一向以成績評斷孩子的將來。李安沒有讀名校大學的天賦，卻有演戲導戲的天賦，他願意遵循自己內在聲音，追求導演夢想，雖遭6年的失業，票房失利打擊，仍堅持走在天命上，直到現在67歲，還在問自己，今天要拍什麼。這種對夢想堅持，影響他整個的生涯發展，導出自己生命一部又一部精采作品，同時影響所有追夢人的生命。懷有導演夢的亞洲人，都以李安爲榜樣。一個人的生命能夠樹立榜樣，這是生命最精采一幕戲，人生如戲，這樣精采好戲，世世代代流傳啊！

◎我們可以成爲追夢人的支持者與推手

在主流社會很成功李安妻子林惠嘉是美國名校的生物學博士，無怨無悔支持有導演夢的失業丈夫；在主流社會中學校長有崇高社會地位李安父親李昇，面對票房失利想打退堂鼓的兒子，勉勵他戴著頭盔都要繼續拍下去，成了李安再度成功的推手。還有當初慧眼識英雄的徐立功先生，找李安拍《臥虎藏龍》，讓他有資金有資源去拍夢想的影片，李安因這部片，成了世界級的導演。

我們可以成爲李昇或林惠嘉或徐立功，去支持我們的所愛親友，他們有夢，卻還在困境裡。我們的物質支持或言語上的鼓勵，往往成就其實現天命的重要元素。也許我們在世界大舞台不是主角，卻成爲幕後支持者與推手，這樣生命是天命中助人角色。助人角色多麼溫暖重要啊，是一台戲讓人流下感動淚水的人間天使。

《讓天賦自由》作者肯・羅賓森（Ken Robinson）說：

「**當你從事自己熱愛又擅長的工作，才可能活出了眞實的自我**，成爲你理想自己。你覺得自己做著天生該做的事，也成爲天生該成爲的人，這就是歸屬於天命的狀態。」

每個人都是帶著天命來到這個世界上的。李安奮鬥成長史帶給我們很多省思：天命沒有主流非主流之分，勇於去傾聽自己夢想聲音，做自己喜歡又擅長的事，你會讓自己生命凡事都可能，得獎無數；且是位站在世界舞台上影響衆人的偉大人物。

我對台灣有使命有願景——劉群茂

我強烈感受到自己靈魂對臺灣這塊土地有很重的負擔，我改變主意：不留在美國傳道，要回到台灣。

——劉群茂

從星期一到星期六，一週有六天，你可以透過廣播，隨時隨地聽到劉群茂牧師的「心靈蜜豆奶」，讓你的心靈注入一天的活力。聽說有住在法國的台灣遊子，在異國異鄉聽到劉群茂牧師的「心靈蜜豆奶」，心中重燃在異鄉奮鬥的勇氣。

劉牧師的主日訊息，一週又一週很用心地準備，然後有條理精采講出來，鏗鏘有力的聲音迴盪在講堂與聽者的心。每次到教會聽劉牧師講道，病懨懨的生命，開始有希望幼苗冒出。**前行政院長郝伯村，企業家王雪紅都曾在士林靈糧堂聽劉牧師的生命真理的訊息**。很多缺乏家庭愛的國中生與高中生；本來自我放棄的人，都在士林靈糧堂找到關愛，發現自己生命的亮點。

劉牧師的講道已經風雨無阻超過26年了。**他一大早攜**

帶六個便當：忙碌整天，天色很晚才回家。劉牧師講主日訊息，「千遍都不厭倦」。他不斷閱讀，不斷出國學習，不斷完美準備；就是要把最好的眞理與聖經故事，宏亮說出來，信心說出來，讓更多人認識上帝，帶來生命的轉捩點。

當台灣新冠肺炎警戒三級，情況危急；劉牧師發起全教會爲台灣能從三級降到零級禱告。除了每週主日訊息；週一至週六的心靈蜜豆奶；工作份量已經很忙碌；在忙碌中又增加了〈晨星時光〉——這就是劉牧師愛台灣土地的眞實忙碌生活的寫照。

劉牧師盡心盡力盡意散播眞理信心在台灣這塊土地上，心中最大盼望：台灣很快度過新冠肺炎危機。劉群茂牧師這麼多年來以行動在實踐他在主日訊息說：

「我強烈感受到自己靈魂對臺灣這塊土地有很重的負擔，我改變主意：不留在美國傳道，要回到台灣。」

這就是一直對台灣有負擔有使命的一位牧師。

劉群茂牧師是我現在聚會的牧師，**他的激勵人心講道與愛主品格，影響好多人與好多家庭，成爲衆人的祝福**。我在士林靈糧堂聚會多年，近距離接觸，觀察與體會，劉牧師的講道照亮走在曠野至少十年的我，如作家趙星說：「總有一些人改變了你的整個生命。」以下是我個人如何信主的經過。

對於台灣人的我來說，教會對我很陌生。尤其我生長在香火鼎盛，廟宇衆多的鄉鎮。從小我的奶奶住在鹿港龍山寺多年幫忙，奶奶會爲她的兒孫收驚，我也會跟著奶奶燒銀紙拜拜。這樣背景是不可能接觸到教會的，我的信仰是道教，皈依佛教，也隨著朋友信仰一貫道3年。

我到紐西蘭讀書，接觸了教會。在教會中，感受到人與人之間互相關心，且常受到教會的姊妹慷慨地招待。爲了加強英文，我到一位70多歲的KIWI老太太家上免費的查經課程。這位KIWI老太太不分種族，以滿滿的愛對待我們這些亞洲人，在她身上看見一顆無私的愛心。

回台灣後，我仍然是民間信仰，直到我生命發生B事件，跌到低谷，我就接受已經耐心等待我多年的錦珠姐的邀請，走進教會，想改改霉運。那天星期日早上就坐在錦珠姊旁邊，聽聽劉牧師講道，以下是節錄重點：

「當初我到士林開創教會時，帶了50多位弟兄姊妹，心裡是捨不得在母堂的服事順利；但母堂的周神助牧師要我離開台北靈糧堂的舒適窩到士林開創教會，我唯一能做就是順服。

我唯一一次不順服就是我在美國完成神學院的碩士課程時，強烈感受到自己靈魂對臺灣這塊土地有很重的負擔，**我改變主意：不留在美國傳道；爲此周牧師還特地飛到美國了解這個他眼中乖乖牌**，卻不順服母堂培養他成爲在美國的華人牧師，究竟發生什麼事。後來周牧師不勉強我，我就這樣成爲走上一生要跟隨神的路，回到臺灣當傳道人，後來當牧師。」

錦珠姐和我都很專心繼續聆聽：

「我是很內向的人，對於陌生人常常說幾句話就結束；但是自從我回應神對我的呼召後，我每天很早就起床禱告靈修，在神家吃靈糧，學習當稱職的牧師。有很多弟兄姐妹告訴我：『劉牧師的講道越來越振奮人心，好像說到自己心坎裡』；**其實是我有一顆願意的心**，十多年都不改初衷：我希望台灣這塊土地充滿眞理、文化與靈性；我要興起世代發光，照亮自己，照亮台灣，使台灣成爲東方明珠。臺灣有很多工廠移到大陸，很多人失業；或在座的弟兄姊妹正面臨是否要轉換跑道，或你們的老闆很摳；工作壓力很大或身體疾病，還是婆媳不和⋯⋯；反正人生不如意的事可眞多，這都是憂慮，請你卸下憂慮，交給上帝⋯⋯」。

喔！卸下憂慮交給上帝，錦珠姐輕輕告訴我。我們保持靜默聽劉牧師講道：

「有弟兄問我：『劉牧師好像都沒遇到攔阻，教會從50多位，在十多年後，成長到現在四千多人？』

「這十多年我遇到問題可眞多，從當時現址搬到現在，每個月教會租金是百萬起跳。收支的平衡，教會願景的開拓及要找土地蓋自己的教堂.....等等，都是挑戰，都是問題；但我選擇定睛在上帝的大能上。我對我們上帝有信心，如同聖經中的大衛說：『我若不信在活人之地，得見耶和華的恩惠，就早已喪膽了。』（詩篇27：13）**遇到這麼多問題，我選擇定睛上帝的恩惠，如果我沒有這樣做，早就喪膽了。**」

「聖經中五餅二魚的神蹟故事，是在告訴人們要專注願景上，不要專注在問題上。十多年過去，困難的事一一度過，教會也經歷很多上帝的恩典；我們教會每年在豐盛有餘下，對外捐一千多萬元，如幫助遊民、老人、偏鄉孩童與地震受災戶。」

「**我們是上帝的孩子，老爸有錢，孩子一定有錢**，所以我們是天生貴族；所有困難都是上帝要讓我們成長，完成命定，就像一棵樹要多結果實。一定要修理乾淨。『在信的人，凡事都能』，請弟兄姊姊跟牧師唸一遍，『在信的人，凡事都能』，我們一起大聲再唸一遍；『在信的人，凡事都能。』不錯，大家唸得很大聲；請在場弟兄姊妹回家後，爲自己的未來畫一幅圖畫，每天花半小時禱告：

1.成爲卓越職場菁英；

2.看自己是位國際級的菁英；

3.生養衆多，遍滿地面。」

以上就是劉牧師的精彩片段，寫出來和大家分享。第一次聽道後，就眞的很感動，之後不用錦珠姊連call電話，我主動去做禮拜。雖然後來還是會找很多理由缺席；但是我內心明白「教會」是信心加添地方。幾年後，我信主成為基督徒。從來缺少自信心與容易緊張焦慮的我，生命慢慢改變了。

劉牧師要教會弟兄姊妹不要批評政府，要為台灣願景禱告。他勉勵弟兄姊妹要成為台灣的祝福者。每個人都是上帝貴重的寶貝，要在自己位置發光。當家庭主婦與老師，就以培養傑出世界級後裔為目標；在職場的上班族就以成為卓越職場菁英。要常常問自己：「能為台灣土地做甚麼？」

對台灣土地有使命有願景的劉群茂牧師，是很多海內外人的心靈導師。當機器人發明了，很多行業會被取代，只有點亮心靈的牧師，是無法被取代的。因為人的心靈平安，對人生願景與生命智慧的追求，在人心惶惶的21世紀中，更是重要。

「為神作更大的事」是劉牧師的願景，這願景在才德妻子丁家蘊師母幫助下，更加落實。娶妻要娶德，感謝主，劉牧師很有眼光，娶一位身上有很多美德，敬虔愛主的妻子；在劉師母幫助下，士林靈糧發展蒸蒸日上。這位才德妻子劉師母很有先見之明，在二十多年前，就知道不能一直租屋為教會傳福音，應該要有屬於自己地方作為教會，於是在士林靈糧堂就發起建堂奉獻。這二十多年下來，弟兄姊妹建堂奉獻達將近新台幣七億多。

聖經云：「耶和華是我的產業，是我杯中的分；我所得的，你爲我持守。用繩量給我的地界，坐落在佳美之處；我的產業實在美好。」(詩篇16：5–6)由於劉牧師的信念：「你若能信，在信的人，凡事都能。」(馬可福音9：23)，克服很多困難，夏凱納靈糧之家在5年前開始興建，終於在2022年完工；有一棟神同在榮耀的**「夏凱納—靈糧之家」，於2022年8月6日嶄新開幕了。**

在凡人眼中是做不到的，但常謙稱三流人才的劉牧師成了創造生命奇蹟的最佳見證者。有誰想到劉群茂牧師在1995年到士林要開創教會只有50人跟隨者，帳上存款只有二千元，結果26年過了，今年2022年到教會聚會人數成長到快五千人，且還在增加中，且有一棟神晝夜看顧的「夏凱納靈糧之家」，其聖潔光芒照耀四方的建築物，矗立在繁華大直地段，這是生命榮耀的建築物，充滿眞善美的生命樂音。每個經過夏凱納靈糧之家的人，感受一種靈裡平安與美好，生命旋律輕輕在心中唱著。劉群茂牧師前進大直創辦教會，帶給大直是一種靈魂上祝福，散播眞理生命。

「爲什麼劉群茂牧師可以締造生命奇蹟？」

「爲什麼一位自稱三流人才，可以成爲照亮台灣的牧師？」

以上兩個問題的共同答案：劉群茂牧師對台灣有崇高使命與責任感，所產生磅礡的力量；加上他付出實踐的行動，認眞勤奮的講道與不斷努力再努力；要以國際級的眼光與身分帶領跟隨的弟兄姊妹，這樣的亮光就產生無比吸引力，吸引相同頻率的企業家贊助。

魯益師在《返璞歸眞》中說：

「回顧歷史，爲這個世界帶來貢獻的基督徒，就是那些爲下一個世代著想的人。」

劉群茂牧師甘心樂意超過26個春夏秋冬，一週又一週的講道，披星戴月不辭勞苦地撒下福音種子，就是希望下一個世代不在黑暗裡，人人都在光中，活出燦爛的生命。

一位對台灣有願景有使命的人，時刻要讓台灣更多人認識眞理生命，走在命定的發光路上，這樣宏願，必獲上帝的賜福。如聖經云：

「你無論往哪裡去，我常與你同在。剪除你一切仇敵，我必使你得大名，好像世上那些偉人一樣。」（撒母耳記7：9）

我以劉群茂牧師爲榮，謝謝他帶給我人生的願景，及對台灣這塊土地的責任；當然他是我生命低谷爬起來的心靈導師，我想很多人跟我有相同的心聲與無限的感謝。

2022/10/26

找到繪畫的甜蜜星空——幾米

即使是一絲希望的光芒，也可以照亮整個宇宙的黑暗。

——幾米

幾米本名叫廖福彬，1958出生宜蘭，文化大學美術系畢業。畢業後就在廣告公司工作12年。1994年離開廣告公司，爲皇冠報章雜誌插畫，是名自由創作插畫家。1995年，是晴天霹靂的一年：幾米37歲，患了血癌，醫生認爲病情不是很樂觀。這個大病使幾米閉門沉潛，遠離忙碌工作及喧囂的人群。

人的盡頭往往是新生命的開始。面對來勢洶洶的血癌，幾米吃太太爲他準備有機飲食，恢復正常作息，放慢生活的腳步；同時想尋找心靈戰勝癌症的醫治力量。幾米想到在廣告公司，自己作品都是應廣告公司的要求生產的，滿足客戶的的需求；即使後來自由業，爲報章雜誌插畫，仍然是爲人作嫁，沒有屬於自己生命的一幅畫。

幾米，想到生命何其脆弱，又如此短暫，爲什麼不畫

自己要畫的故事，去說自己想說的故事，表達自己想表達的思考。現在處於生死交關，每天若一直處在擔心病情的不安中，何不重拾畫筆，畫出心中的故事，夢想的色彩。

這場作夢都想不到的大病，使幾米更珍惜自己的生命。在幾番的自我沉澱後，他遵循內在的呼喚：從此每天要爲自己生命創作，畫自己想畫的造型人物，塗抹自己想塗抹夢中的色彩。當幾米沉浸在畫畫天地裡，忘了時間，忘了自己是病人，精神飛揚勾勒故事，心靈天使時刻唱歌陪伴。

美國約爾牧師（人稱希望牧師）說：「人要找到蒙福之地。**我父親常說：『要學習一直留在甜蜜點』**，當你找到甜蜜點，就是你的蒙福之地。」「繪本的創作」就是幾米的甜蜜蒙福之地，當他走進這個完全嶄新蒙福天地，源源不絕創意流洩出來，「向左走，向右走」，都是美麗的新天地。夜裡「星空」，一閃一閃訴說一個小男孩與小女孩的故事。「每天心裡開一朵花」，體內甜蜜溫柔細胞形成美麗壯人力量，保護他；守護他。

三年後，幾米的血癌不見了，也許童話的美麗層層包裹下，健康細胞出頭天了。他戰勝最難纏的「血癌」，走過死蔭幽谷，從此生命就像「藍石頭」緊緊貼在少女胸前，就像是一顆眞正幸福的心。他投入繪畫本創作，緊貼宇宙的胸懷，細細體察大地脈動，慢慢彩繪山川壯麗；一本又一本圖文巧麗的畫本被出版了。他終於抗癌成功，是一位健康充滿創意的繪本作家，他的作品受到大人小孩喜愛。

我手上拿著幾米的繪畫本，書名是《藍石頭》，故事是這樣寫的：

「藍石頭靜靜躺在森林深處，它喜歡林中小鳥的鳴唱，

隨風飄散的花香，從葉縫透進來的細碎光影……，

它以爲它會永遠待在這裡。但是，森林失火了……。」

書的背後還有一句話：**即使是一絲希望的光芒，也可以照亮整個宇宙的黑暗。**

好美麗圖畫！幾米的繪畫本是由十分之八的畫，十分之一的文字，十分之一的空白，呈現在讀者面前。你會爲他的畫如此氣勢磅礡，又如此細膩典麗繁複驚嘆不已！他的一頁，究竟花了他幾天或幾月的時光？簡直是世界級的大畫家，値得一頁一頁展覽出來；他的文字是如此童話卻充滿寓言式哲理，難怪他的作品會被翻拍成電影；**也被雜誌選爲亞洲最有創意的五十五人之一。**

「神啊，你曾試驗我們，熬煉我們，如同熬煉銀子一樣。」（詩篇66：10）上天公平對待每個人，祂不要人去算命，也不要人去討論星座，祂給每個人有熬鍊銀子的遭遇；卻藉著自己投入自己興趣的能量找到蒙福之地。眞心欣賞幾米的繪畫本創作。他個人戰勝血癌勵志情節是黑暗

中悠揚的歌聲；是天上點點閃爍的星光；聽了會掉眼淚，看了會感動；那樣溫暖跳耀鋪陳著。

謝謝幾米先生，畫中希望的光照亮我灰暗幽微的心，在曾經面臨低谷時，我也靜靜閱讀他的繪本；他的繪本引起我的共鳴，清滌滿腔的愁腸。我靜靜拿起兒女早不用的蠟筆塗鴉，讓孩童線條與鮮豔色彩療癒我受傷的心；我找到自己甜蜜蒙福之地。

幾米在繪本上寫著：

「所有的悲傷，總會留下一絲歡樂的線索。
所有的遺憾，總會留下一處完美的角落。」

生命穿過艱難黑暗的烏雲，其寬廣生命色彩會帶給世人一種幸福與甜蜜。當你坐淡水紅樹林往新勢的捷運時，沿途每站都有幾米的繪畫，那是一處完美的角落，容你坐下來思考自己生命：在遺憾長夜裡，找到自己甜蜜的星空。

走過死亡與十四年官司的企業家——王文祥

每個人都需要有愛的人在身邊鼓勵，中間靠著神的依靠和力量，才讓自己撐過來。

——王文祥

我家的大姊很興奮打電話給我2次，她將王文祥（台灣經營之神王永慶的最小兒子）怎樣度過14年誣告官司，在101教會做的見證，看了二遍。大姊每看一遍就打電話說：「王文祥眞的很了不起，讓人流淚心疼」。

我告訴大姊王文祥另一個走過死亡的見證。在王文祥40歲那年，得了鼻咽癌第四期，經過5個月住院，195個化療，美國與香港醫生都束手無策。有一位牧師很有心要爲王文祥弟兄恢復健康禱告。牧師在不斷爲王文祥禱告中，心裡總覺得總是卡卡的，有些阻塞，無法達到天聽。

「你是不是心中有恨？你對一些人有恨，心中不原諒他們？」牧師直接問王文祥。

「對。我心中確實有恨，不肯饒恕他們。」王文祥很誠實點頭回答。

牧師要王文祥大聲說出那些恨的人，同時心中真正饒恕他們並要愛他們。王文祥真的順服了，照牧師建議去做。當王文祥這樣做後，他心中感到無比的舒暢，原來「饒恕別人等於饒恕自己；放給別人一條生路等於放自己一條生路。」**王文祥不再心中有恨，當心情放輕鬆帶給身體也是放輕鬆的**，身心靈是一體的。

王文祥鼻咽癌是第四期，本來很難醫治好，在王文祥放下心中的怨恨後，竟不藥而癒；康復速度連香港醫生嘖嘖稱奇，要這位富家子提供治鼻咽癌的祕方。

我家大姊聽了王文祥走過死亡的見證，她說：「基督徒靠上帝活出生命，很激勵人心」。我個人在王文祥走過鼻咽癌與14年誣告官司的體悟，分享如下：

愛醫治了鼻咽癌

王文祥在得了鼻咽癌後，他心中有對家人的愛，他不希望自己在40歲就死去，他有妻子與孩子，他希望勇敢面對鼻咽癌，戰勝病魔，可以與妻子白首偕老，並看自己孩子長大成人結婚。心中對家庭愛產生很大力量。妻子范文華在王文祥生大病期間，溫柔鼓勵的陪伴，時時刻刻分分秒秒，妻子對他的愛，是無形甜蜜的良藥，治療他心中的軟弱孤單與苦澀。

王文祥是來自愛的大家庭。父親王永慶與母親楊嬌，大哥王文洋、大姐王貴雲、王雪齡、王雪紅總是在旁爲他加油，爲他找最好醫生奔波，給予王文祥最大協助。結婚眞好，有福同享有難共當；家庭的愛讓兒女有家的保護與手足之情，在其中一人生病，同心合一打氣，多麼龐大的加油團呀，連死神都要敬畏三分。王文祥回顧這段歷程說：

「每個人都需要有愛的人在身邊鼓勵，中間靠著神的依靠和力量，才讓自己撐過來。」

牧師要王文祥原諒那些不可愛的人，他眞的做到了，化恨爲愛。恨使人憤怒；恨使人不平；恨使人鬱悶，過多的恨產生情緒失衡，容易致病致癌，心理學家研究證實身心症的病人都是情緒出了問題。古云：「包紮傷口的是醫生，治好傷口的則是神。」當王文祥願意放下心中對一些人的不滿，釋放了過去心中的恨；他的神喜悅他的改變與認罪，自然治好王文祥的傷口。

相信上帝會帶他打勝仗

一位不肖員工，要向客戶要求回扣，老闆知道此事，不肖員工被解雇了。這位可惡員工沒有悔改，反而請頂尖律師團誣告前老闆：公司偷工減料與對員工不合理的對待。幾次官司打下來，王文祥都輸，偷工減料危害所有美國，其求償新台幣300億。

很多專業律師團都勸王文祥賠償300億了事，因爲以一位台灣企業家要對抗美國聯邦政府是不容易打贏的。再繼續打下去，恐怕輸得更慘，賠得更多。王文祥當時才從鼻咽癌鬼門關走出來沒多久，又遇到這樣的事業大危機，這危機是關係整個公司一千多位員工的生計與父親王永慶經營公司的名譽。

「我才40多歲，就要面臨這樣大鯨魚（聯邦政府）吃小魚的苦難，怎麼辦？」王文祥問他的上帝。

「在我裡面有平安。在世上，你們有苦難；但你們放心，我已經勝了世界。」上帝說。

王文祥看著天空，他走著思考他的決定。他想到：

「我的神已經帶領走過死蔭的幽谷，讓我從醫生束手無策的鼻咽癌，恢復屬天的健康；那麼我的上帝一定會帶領我，在事業危機時打一場勝仗。我若打贏這場官司，要在衆人面前，爲神做見證。」

信心堅定神會引導走勝利的路，不是一日或一年，也不是五個月或五年，而是整整耗費了14年（一位當時出生的baby而如今要讀中學了），好漫長時間，好大的考驗！倘若沒有堅定的信靠神，是容易在敵人面前投降的。

王文祥沒有投降，他的上帝一直與他同在，引導他要站在正義一方奮戰下去，直到勝利曙光照亮美國法律，父親的名譽招牌與公司員工的未來。感謝神，在今年（2020年）6月，美國聯邦政府判王文祥勝訴，免賠償300億台幣，還修改美國相關的法律。

當王文祥站在台北101大樓教會，爲這14年誣告官司終於得勝，在台灣101大樓裡面教會講台上做見證，我聽了萬分感動，我當下請我家先生來跟我一起聽王文祥的生命見證。多麼勇敢堅強的企業家！

然後我將他的見證分享傳送給line群組。我家大姊才從我傳的line訊息，認識了活出信仰的王文祥，同時促使我今天寫下本文。

堅持要拍令觀衆感動的電影——魏德聖

難道，你不期待看見彩虹？

——魏德聖

2021年5月19日，台灣新冠肺炎疫情警戒3級。大學生遠距上課，雙北市國高中小學停止上課，很多人都宅在家，人心一片苦悶。台灣人現在對新冠肺炎戒慎恐懼，總希望這個瘟疫風暴趕快離開。若現在宅在家，想看國片電影，我可以推薦〈海角七號〉，導演是魏德聖。

魏德聖導演的第一部電影〈海角七號〉，非常叫好又叫座。我一向愛看外國電影，但當我坐在戲院觀賞〈海角七號〉，有動人略帶感傷的日據時代發生愛情故事，有年輕人的青春歌聲與夢想；小市民生活的台語詼諧對話。我笑得很開心，看得很盡興，感傷的結尾觸動心靈某深處。在2008年，當我走出戲院了，我的耳畔仍清晰回盪電影中男主角范逸臣唱著：

當陽光再次回到那 飄著雨的國境之南

我會試著把那一年的故事 再接下去說完

當陽光再次離開那 太晴朗的國境之南
妳會不會把妳曾帶走的愛 在告別前用微笑全歸還

「多麼棒的一部國土電影」，我向朋友推薦〈海角七號〉，朋友也去看，他們都說好；於是他們又再推薦朋友去看。海角七號這部電影就這樣一傳十，十傳百在朋友口中傳遞出去，在2008年成了台灣電影史上最賣座的電影，開出5.3億台幣的亮眼票房成績，一吐台灣電影產業20年的怨氣。海角七號的電影的導演——魏德聖是怎樣的人，他如何做到的？

魏德聖導演生於1969年，8月16日，台南永康人。在2008年，39歲的魏德聖將自己房子抵押，舉債三千萬拍攝「海角七號」。魏德聖讀到聖經；「水就再不氾濫，毀壞一切有血肉之物了。虹必現雲彩中，我看見，就要記念我與地上各樣有血肉的活物所立的永約。」（創世紀9:16）彩虹在雨後出現，彩虹就是代表希望，我要立志拍出好電影，帶給台灣人民一片希望。國片很不景氣，台灣看電影的人都捨國片看外國片，所以籌資五千萬來拍電影，算是很大膽之舉。

未成名前的魏德聖導演，總在楊德昌大導演中旁邊幫忙學習，學習電影的專業與楊德昌導演對電影的態度。這位不是電影導演本科系的年輕人，心中一直有個夢：拍部感動觀衆的好看電影，就像我們在雨後看見彩虹，那樣驚喜萬分。生命何其平凡，又何其短暫，總要堅持自己願望，在宇宙天空如彩虹觸動人心。魏德聖常說：

「難道，你不期待看見彩虹？」

是的，魏德聖，這位期待看見彩虹的人，總是經歷風雨與打雷交加的日子。在海角七號這部電影之前，他每天大概都經歷了天人交戰的熬煉，就如熬煉銀子般身心交逼。他到處借錢籌款，他一人校長兼撞鐘，寫劇本／布景／場地／找演員／找天使支援……所有事都自己扛下來做。如果是別人，或者是你或我，捫心自問，是否還能像這位導演堅持心中那塊夢土？是否能像這位傻勁堅持的導演一定要實現多年心中的願望——拍一部好看的電影？

魏導演堅持期待看天空中的彩虹，而這彩虹似的電影夢，在台灣多麼不實際。好好穩定上班工作不做，偏偏想要當電影導演，拍出所謂好看電影。很多電影人都改行了，楊德昌大導演已經過世，只有少數人如侯孝賢導演仍然堅持這個電影夢。而這少數人就是包括魏德聖導演。

他住普通房子，吃的很簡單（他瘦瘦的）；眼睛卻炯炯有神；心裡燃燒對電影的夢，不畏台灣電影的不景氣，找貴人（他口中天使）投入資金支持。《大成功法則》的作者楊博如說：「人生得永續經營！我們既然了解大成功的法則，就應當將它成爲永恆習慣，持續不斷努力的實踐，不論經過多長久時間，就像奮勇逆流而上的鯉魚一樣，最後總能躍上願望的龍門。」不錯魏德聖導演總是堅持心中夢土，不畏大環境的現實面，一心就是拍攝好電影，終於成爲躍上願望的鯉魚。

這位長久堅持夢想的導演，終於在39歲看見夢想天空的彩虹。在往後十年，他拍《賽德克・巴萊》、《KANO》、《52H2 I love you》，現在正籌拍「台灣三部曲」。有人問他有關：台灣電影目前的困境，尤其面對韓國電影與中國大陸以大量資金在投注，台灣要如何面對？他說：

「**台灣電影問題還是我們自己問題。台灣應透過教育，把美學納入學習科目，而且不只學理論，還要有實務。**我們必須讓年輕人實際體會文化與美學，譬如看影片、看展覽、參觀紀念碑。我們的教育體系以筆試爲基準，唯有順利通過考試的人，能繼續升學。我們用這種方式製造出來的人，一意追逐權力和金錢，但我們眞正需要的，是重視藝術與文化的人。」

是的，台灣這塊土地確實需要重視藝術與文化的人；很多人不敢做或不想做，魏德聖導演希望自己可以在藝術與文化盡一份最大心力，這是他生命中的「彩虹」，讓台灣文化被世界看見。

魏德聖導演奮戰著現實的雲霧，要突破障礙，當然不容易；淚珠與汗水如雨水氾濫，等候彩虹的出現，是要多少年的耐心。魏德聖導演總是懷抱在困境中，將不可能化爲可能。當你有人勉勵你「有夢要去追」，但你可要將魏德聖導演爲標竿，與自己立約：

「至少爲圓夢，看見生命天空中那道彩虹，那麼以行動實踐至少30年。」

筆者會書寫魏德聖導演，就是他一直堅持做一件讓自己感動的夢，已經化行動實踐33年了。雖然後來所拍電影不是如海角七號創造亮麗成績，但他繼續立志要拍令觀衆感動電影：要讓台灣人，包括年輕人，了解自己的根。電影工程浩大，很辛苦很熬夜，這位現年五十多歲的魏德聖大導演，目前在拍電影路上，白天黑夜奮鬥著。此時耳畔傳來這樣清亮聲音：

「難道你不期待看見彩虹？與你心中最大夢想有約？」

台灣新冠肺炎疫情烏雲風暴會過去，新冠肺炎不再氾濫了；健康希望彩虹會出現在台灣天空中，人民又可以到恆春尋訪「海角七號」，或到電影院看好看的電影了；因爲台灣這塊土地充滿像魏德聖導演，各行各業都擁抱大夢，要做一件令台灣人感動的事，用一輩子的青春去完成它。

Memo

Chapter 32

我曾是流氓，現在是教授是詩人——林建隆

你從來看不見別人的成功都是經過無數次煎熬和失敗，並從中淬鍊最終結果。

——趙星，中國作家

生命的轉折處是自己悔改的心，將原本歹戲變成好戲；從人人瞧不起的小丑，一躍成戲裡的男主角。

林建隆教授是東吳大學英文系教授。我沒有見過他，卻被他的故事激勵；一顆流淚的星星，在某個黑夜晶亮說出自己成長的曲折。本文先以第一人稱，來寫這位「曾是流氓，現在是教授，是詩人」的故事。

菅芒花花開在春天，充滿成長生機在大地。從鐵窗的眼睛，是看到閃亮的星星，還是陰暗的低谷？我是菅芒花，沒有牡丹出生高貴，卻昂然在風雨中開花。我曾是流氓，在鐵窗歲月，我的眼睛看穿命運劇本，**只有透過自己壯士斷腕的決心，我才可以從流氓當教授。**

想一想，我的生命故事可以成爲電視的劇本，獲得很大迴響的連續劇；我的成長奮鬥故事是教科書勵志教材，

午夜夢迴時分，回首過去，那人出生在貧窮的礦工區；是自甘墮落的浪子；沒想到浪子回家了，光耀門楣。

我出生於基隆的煤礦區，家中有11個兄弟姊妹。我是老六，從小就想當詩人。家中很貧困，父親的手因一次意外而殘廢，生活更加困頓，又目睹礦區礦工的艱苦工作，只求三餐勉強溫飽，我覺得老天不公平；我埋怨老天不公，就開始學礦區大哥混江湖，當起流氓。

俗語說的好「有因必有果」，自甘墮落的結果是被關進監獄。我在23歲那年以「殺人未遂」被關進監獄。當我被關進監獄，我憤憤不平，天錯地錯我沒錯。我常想：

「爲什麼讓我出生在貧困的礦區？爲什麼我的父親要意外殘廢？爲什麼大台北人可以過好康的日子？有錢人的孩子可以吃好穿好還可以學才藝。整個社會充滿不公平；整個生命充滿不平等。是大家對不起我，我沒有對不起別人。我怨嘆自己出生不好，沒有錢，沒地位，所以我才當流氓，開賭場。」

我被關在監獄，年輕的我，內心充滿憤怒又鬱悶，知道自己生命是鐵窗生命，沒有前途沒有盼望；一天混過一天，大概混到死吧。

母親是我生命劇本裡最大貴人，永遠如一盞明燈照亮那陰晦發霉的成長扉頁。那一天，我的阿母（閩南人對母親的稱呼）如以往來探監，看看她的心肝肉——老六。我的阿母看看我這個從小很會讀冊，很聰明的兒子，現在被關在監牢，心應該很哀痛，因她愁眉苦臉，笑不出來。那一天，探監時間已經到了，她百感交集對我說：

「阿隆，你當流氓了，被關了。你兩個弟弟也不學好，開始學你當流氓；你阿爸手又殘廢，我們家沒法度出頭天，沒有希望了，只換來鄰居的恥笑。我每次出門都低頭，覺得很見笑（慚愧），唉！阿隆，我們這個家怎會變的是流氓之家……」。

當我看見母親蹣跚離去背影，她的話語彷彿千斤重撞擊我的軟弱的心，沉睡的心。那天，我靈魂驀地迴響：

「阿母辛苦養育我與十個兄弟姊妹，希望她的孩子能夠出人頭地，脫離貧窮的命運，贏來村莊鄰里的尊重，讓她抬起頭來。沒想到自己不學好，被關在監牢裡；不但鄰居嘲笑阿母，連弟弟有樣學樣，他們混太保當流氓了。」

我頭一次內心有雙明亮的眼睛，從鐵窗外默默望著阿母拖著疲憊的身軀離開，阿母略帶埋怨的一席話喚起我內心深處良知，「他使我的靈魂甦醒，為自己的名引導走義路。」（詩篇23：3）我知道自己錯了，阿母的兒子應該走義路。

政府為了鼓勵犯罪的青少年，所以願意網開一面，只要通過考試，就可以獲保釋，離開監獄到外面就讀大學。當我知道有這樣保釋機會，我下巨大決心要爭取這樣的保釋好機會。

當願意悔改，心中銘刻「考上大學」的目標時，我的精神力量爆發是巨大的。我從我的減重開始，讓身體瘦了十多公斤，證明自己可以有堅強意志力戰勝肉體。然後利用做監獄勞力後休息時間讀書。腳帶著鐵鐐的我，常在其他犯人不知道做什麼，總是集中心力，很聚精會神讀書再讀書。我心裡很清楚知道只有透過讀書，我才能改變自己的命運。所以「讀！讀！讀!」整個身心靈都全力以赴，日以繼夜，一日復一日讀書；不容許任何懈怠，任何藉口。

「我會考上大學，離開監獄。我要出頭天，讓我的阿母不要再傷心難過」。想要改變命運巨大決心，為我興起貴人來相助。

感謝生命劇本的貴人周運台輔導長，周運台是我當時監獄的輔導長，他有顆幫助年輕人向上的光明心，透過他特別奔波努力下，協助我報考「失學青年檢定考試」，讓我取得高商的學歷。有高商學歷我才能參加大學聯招的考試。

「天道酬勤」，我除了睡覺與勞役外，所有時間是打開書苦讀再苦讀。成功從來沒有捷徑，金榜題名從來沒有僥倖的。我的苦讀終於讓我出頭天，我考上了東吳大學的英文系，可以告別鐵窗生活。我的父母，家人喜極而泣。貧窮的礦工之家，有人上大學了，在我們村莊是頭條新聞，父母終於可以抬頭走路，露出笑容了。

感謝生命劇本的貴人——東吳大學端木愷校長。在我讀東吳大學時，曾想辦休學，**端木愷校長特別勉勵我：「好好讀書，認眞求學。出國拿博士學位，將來可以回母校教書。」**端木愷校長是陽光，我是小草。他的光芒話語成了小草成長卓越的力量。我告訴自己：

「是的，我不再有休學念頭了，我只有一個目標：努力再努力，好好把握大學黃金求學的歲月，我還可以更上一層樓，我的生命還有更恢宏的目標：回母校教書。」

受到端木愷校長的一番話激勵後，加上自己比同屆大學生年齡多了很多歲，已經浪費很多青春，於是我再度排除所有玩樂時間，每天除讀書就是讀書；陽明山找不到我；舞會發現不到我；玩樂場所看不到我；我的大學同學都知道要找我，直接到圖書館。圖書館中某個角落，一定有我的存在；我的讀書的身影。

親愛大學生，你現在讀書時間多久呢？當時我一天苦讀至少12小時，你呢？不要把四年大學時間玩掉，太可惜了。當時的我有一顆往上提昇的堅定的心，不受任何玩樂的誘惑，很嚴格要求自己：每天就是要讀12小時；就這樣四平八穩坐擁書海到大學畢業。

苦讀不是一天兩天或是一年兩年；四年的自律，嚴格要求我自己：讀冊是我唯一出人頭地的方法，只有捨去一切安逸的生活，刻苦己志嚴格要求自己，吃別人無法吃的苦；讀別人不願意讀的書，就是要讓自己堅持自己已立下回母校教書的目標，直到成功來臨那一天。「生於憂患，死於安樂」一直砥礪我的心志。

感謝生命劇本的貴人——我太太賴妙淨與岳父大人。他們都不計較我的過去，他們看淡我的流氓的經歷。我太太賴妙淨與岳父大人看重我的向上的心，想做命運主人的堅定眼光。我太太賴妙淨在父母支持下，陪我到美國讀書。

美國英國博士學位，從來不是輕鬆混混，就可以獲得。有太太陪伴，有不少甜蜜力量忘記異國讀書的艱辛，這是我的幸運與幸福。感謝太太一路付出陪伴到底，跟我過節衣縮食的日子。爲了能順利拿到美國文學博士學位，我再一次使出我的倚天屠龍劍——勤學苦讀。家裡與學校，單一一條直線，心無旁騖讀各樣的書與寫報告。

我想告訴青年朋友，異國讀書從來就是決心與意志的考試。語言的克服，教授要求的克服與自己夠不夠堅強的克服。但生命意義不就是在此？透過外在環境的克服，自己內在能量才一一釋放出來。成功不是偶然；同樣博士學位的獲取也不是偶然，我盡我最大努力，及吃各樣辛苦，我有120個願意的心；因爲我有偉大願景——回東吳大學當教授，成了我生活的一道翅膀，翱飛在異國所有考驗與考試。

一顆時時鞭策我的心，使我不要輕易放棄自己的夢；我一定要堅持要努力，直到完成英國文學博士學位。我做到了，終於終於，我拿到期盼已久的美國英文文學博士，回到自己母校——東吳大學教書。教書至今。

在教書期間，我寫了一首〈菅芒花的春天〉的詩，以菅芒花來抒發自己成長的心情。這首詩分享於此：

菅芒花 菅芒花
生佇山邊 開佇谷底
有葉無枝 袂曉靠勢風若吹來頭累累

菅芒花 菅芒花
春風無來 不知怨嗟
無衫無鞋 無人栽培秋天是軟身世

無像牡丹富貴 不知暝長暝短
癡癡順風吹 飛過冬天霜雪等春天來相找

我是詩人，我寫菅芒花。我曾經無依無靠，曾經當流氓，風將花吹落地。但當我下起連老大爺都誇讚不已的「天大決心」鐵窗苦讀；大學苦讀；美國苦讀；捨去玩樂；捨去埋怨；捨去罪惡；一心要把命運劇本來個大轉折，從陰暗無詩無句的扉頁，成了詩篇，散文與長篇小說，供人閱讀，世代朗誦。我讓當初生命貴人，以我爲榮。希望我的故事可以讓你的生命有些啟示。

以上是林建隆教授的生命故事，我以第一人稱寫他的鼓舞人心故事。他的故事讓我想起作家趙星在《你自以爲的極限，只是別人的起點》的一段話：

「你從來看不見別人的成功都是經過無數次煎熬和失敗，並從中淬鍊最終結果。你看到的僅僅是光芒四射的那一刻，而背後熬過的辛勞你不想看，並希望自己躲過。有句話說，一個人會成功，都是長期建立在讓自己痛苦和煎熬的自律上。」

是的，「一個人的成功都是建立在讓自己痛苦和煎熬的自律上。」當你抱怨你出生不好，家裡貧窮；你的學歷不高，找不到好工作；這個社會多麼黑暗，有錢就是老大；你天生命不好，所以你大概就這樣貧窮度日；你不想工作，你想當個啃老族過一輩子。如果你眞的這樣埋怨下去，你的結局，應該會讓人嘆息，如你所願：很貧窮很孤獨很蒼涼在某個角落離開人間。

我寫這篇文章，最主要目的，以林建隆教授的例子，說明每個人是命運的主人，人生如戲，戲如人生。「人的失敗理由有千萬個，成功理由只有一個；努力再努力，直到奮鬥成功爲止。」礦工兒子做得到，你也可以做得到。

當你下定決心要改變自己墮落生命，不只上天看好你；所有人（包括我）都會看好你：你是英豪，你會有英豪本色的情節故事。人因決心改變命運而偉大，我不只勉勵你，我也勉勵已經不年輕的自己，要珍惜光陰，不要浪費在電視荒謬節目上，一直用line看無益身心的影片或老掉牙的訊息；只要活著，每天就有目標追求，讓自己一天新似一天，期待書寫自己生命的高峰故事。

祝福你：在你人生劇本中當改變命運的主角，成爲掌聲響起那位閃亮人物。

2021/06/04

他沒有手腳卻擁抱世界——力克·胡哲

我們都不完美，請愛上不完美自己；找出一個你喜歡自己的地方，一個就足夠了。

——力克·胡哲

「爸爸，您是位虔誠基督徒，我想請教您：爲什麼上帝讓我生下來沒手沒腳？」小小力克·胡哲仰著頭問爸爸。

「**力克，不要難過或埋怨上帝不公，上帝應該對你偉大計畫。**」我的爸爸如此說，眼睛滿滿是愛。

我是力克·胡哲，出生於澳洲。我天生沒手沒腳，在學校被同學當作怪物，也成爲學校同學捉弄的對象，曾經一天被12個人嘲笑。但父母都對我說，上帝對我有一個偉大計劃，他們以完全完美的愛來讓我過正常人生活，學會獨立。我可以用兩隻小腳趾打字，會游泳，滑水等；只要正常學生能做到的事，我的父母都放手讓我學習嘗試，所以我上的是一般正常的學校，父母希望我融入主流學校。

雖然如此在濃濃親情生活，在10歲那一年，我還是很絕望，我覺得我生下來就是成為別人的負擔，尤其爸爸媽媽。當時所有負面灰色想法衝擊我小小腦袋瓜，我想自己死了，大家就樂以輕鬆。我想藉著洗澡時自殺。我把自己沉入浴缸底層，想把自己淹死在浴缸裡。當我埋在浴缸裡，準備淹死自己時，在水中，我看見愛我至深的爸爸媽媽還有弟弟，在我墳墓前哭泣。在那剎那時，我覺得自己在做傻事，我不要親人為我死哭泣，於是我放棄自己死的念頭，就讓自己從水裡浮上來。

我很慶幸在1993年10歲時，我取消自殺的念頭，否則我就不可能有「那好得不像話的生命體驗」。我不但完成大學會計的學位，我在夏威夷海邊與海龜一起游泳、在哥倫比亞潛水、會踢足球、打高爾夫球，我還參與電影的演出，我的生活體驗比正常人豐富新奇與美妙。在大學畢業時，我沒有按照父母的期待，從事會計工作。我決定當一個勵志演說家，飛到五大洲已超過25個國家，以我本身的故事，去激勵人心。我沒手沒腳凡事都能做，要以這樣積極的生存勇氣去感染我的聽衆。

我的演講內容都是我的親身經歷，我說：

「我們都不完美，請愛上不完美自己；找出一個你喜歡自己的地方，一個就足夠了。你要往自己內在探索吧，那兒熠熠成光，正等著發亮。請記住，上帝真的賜給你的生命一個重要目的，請不受任何限制地活出你的人生。過著不設限的人生，意味著知道自己永遠可以付出某樣東西，來減輕他人的負擔。**如果跌倒七次，就爬起來八次；不要輸了一次就認爲永遠不可贏，只要活著，總會有出路。**」

「要具備追求夢想的勇氣，無論遇到什麼挑戰都不要懷疑。不只在中國的孤兒院，我也曾在孟買的貧民窟和羅馬尼亞的監獄看過人們超越環境的驚人能力。許多障礙比沒手沒腳更嚴重——恐懼，恐懼會削弱人的力量。當恐懼找上你時，你請它離開，你選擇化恐懼爲動力，讓自己自立自強。用你的生命榮耀上帝，盡力發揮能量和你獨特之處。**只要敢於作夢，盡全力實現夢想，你的付出終會得到回報。**」

「我沒手沒腳，從來不敢奢望：有一天會娶妻生子建立家庭。**當我愛上不完美自己，我演講我寫作出書，做我想做的事**。我展現我獨特之處。在28歲時，沒想到有一位美麗小姐宮原佳苗與我一見鍾情，她看見我裡面內在有個偉大英雄靈魂，她不在意我沒手沒腳；所以我們相愛結婚了。現在我已經38歲（我1982年出生），已經是4個孩子的父親。我看見身旁美麗妻子，兩個兒子與一對雙胞胎女兒，我活出不設限的奇妙人生，超乎我所求所想的。」

「當負面思想與陰暗情緒找上你，請記住，你是有選擇權的。誰知道透過我們的付出，我們能成爲多少人生命的奇蹟，幫助他們活出美好？所以請與我同行，跟我這個沒手沒腳的人，一起走進希望的未來。」

以上是力克．胡哲故事之一，精采好得不像話的故事仍在他生命中繼續誕生；他是英勇丈夫與美麗太太，正建立幸福的的家。

力克．胡哲以演講與他個人所出的書中，感動許許多多人。是的，沒有手沒有腳的人可以擁抱世界，那有手有腳的自己卻埋怨世界，那好嗎？爲什麼要埋怨自己的外表，嫌腳太短，手笨拙？思想著力克．胡哲的燦爛笑容，沒手沒腳卻到世界各地分享如何活出更好得不像話的人生，那我有健全的手腳，更應該到火星探險，作更大的事，怎可困居在負面的情節中呢？

前幾天當負面陰暗情緒找我，我打開《人生不受限》（力克．胡哲寫的）的書來看，讀了幾個小時後，我的心因他生命體驗分享，再度有光亮照進來。

以小詩謝謝力克．胡哲的生命故事：

〈愛上不完美自己〉

當你愛上不完美自已
你變成春花
甚至一處清泉
也可以是隻老鷹

無所不能
書寫星月的傳奇

當你愛上不完美自己
你的心裝滿
所有上好點子
你變成夏日的風
自由心靈
揚夢船航向遠方

尋找天命的牧羊少年
——保羅・科爾賀

我要證明，我是星星的光芒，月亮的色彩。我是生命萬物。成功就是做好自己。

——保羅・科爾賀

保羅・科爾賀（Paulo Coelho）是巴西有名作家，同時是世界作家。他的著作——《牧羊少年奇幻之旅》暢銷全球，被翻譯70種語言，銷售量超過一億6千萬冊，是唯一因爲作品影響力而成爲聯合國和平大使的作家。他說：「世界上的每一個人都有一個寶藏正等待著他。」他一生爲了尋找生命寶藏——天命，吃進了各種苦頭，走過了沙漠，就是要找到自己活著任務。

保羅・科爾賀1947年出生巴西里約。父親對他的管教很嚴厲，母親溫和。從小讀耶穌會學校。父親對兒子保羅・科爾賀就是唱反調，兩人長期不和起衝突。在17歲那年，他因對父親叛逆與抗議，被父母送到精神醫院長達3年，直到20歲才離開醫院。「神能按照運行在我們心裡的大力充充足的成就一切，超過我們所求所想的。」（以弗所書3：20）但很多人效法這個世界價值觀，忽視自己內在的渴望與夢想。**唯獨保羅·科爾賀堅持自己內心的渴望，一定找到自己天命，去做自己天命的事，這是唯一不讓他受傷的事。**

保羅·科爾賀當過演員、記者和劇場導演，同時也創作100多首歌詞。他有一首歌的歌詞是這樣呼喊：「我要證明，我是星星的光芒，月亮的色彩。我是生命萬物。」他一直相信自己是星星光芒，是英雄。如在《牧羊少年奇幻之旅》說：「完成自己的天命是每個人一生唯一的職責，萬物都爲一。……每一個人在歷史上，扮演了重要角色，而通常他本身並不自知。」是的，每個人都可以成爲生命舞台上那位重要角色，看戲的觀衆因你的故事感動淚流。

曾經，那位與他唱反調的父親對他嘲笑著說：「你以爲會有人相信你寫的東西嗎？」他的父親希望他讀法律，他讀了一年就不讀，因爲在法律，他找不到最好自己。他在人生放浪形骸，曾因政治立場過於激進被捕入獄；曾經吸毒埋沒自己的才華。直到40歲，在太太克莉絲汀娜的鼓勵扶持下，他終於勇敢拿起筆，往寫作天命努力耕耘。

他花了3個月時間，從法國南部穿越一座座山峰、大海與沙漠，抵達西班牙，徒步走了六百公里路程；這樣旅行成了創作《牧羊少年奇幻之旅》的充沛靈感與題材。文如其人，一點也不假，大凡作家在書中都是將眞實自己呈現在自己的故事中。保羅·科爾賀就如《牧羊少年奇幻之旅》的男孩，他不做父親的期待——神父，他要做個牧羊人，看世界。保羅．科爾賀在《牧羊少年奇幻之旅》說：

「我是探險家，我正要去尋找我的寶藏。不管你是誰，也不論那是什麼，只要你眞心渴望一樣東西；就是放手去做；因爲渴望源自天地之心；因爲那就是你來到這世間的任務。」

保羅．科爾賀終於在40歲如他所說：「成功就是做好自己」——以作家身分高唱生命凱歌。我個人因他的著作《牧羊少年奇幻之旅》認識他，非常喜歡他的人生哲理。最後以自己的小詩向保羅．科爾賀致敬。

〈牧羊少年〉

曾經迷失
曾經恐懼
曾經走過沙漠
但是有一天
看見天堂花朵

有時困頓
有時跌落
有時躺過紅海
但是有一天

輕捧著生命水

尋找天命
尋找寶藏
不斷日夜跋涉
終於有一天
牧羊少年成了
世界的大英雄

我是天才，將展現我的智慧
——約翰．迪馬提尼

正視負面事件，以正面事件加以平衡，現在傷的越重，將來爬得更高；感激負面事件，帶給你更深層的生命意義。

——約翰．迪馬提尼

「恐怕你們的兒子未來都無法閱讀、寫字，他有智能障礙，他要去讀特殊教育班。」當約翰．迪馬提尼在讀國小一年級時，他的級任老師對他的父母如此說。

約翰．迪馬提尼，美國人。當他小小年紀，聽見老師這樣說自己，自己覺得很丟臉，失去任何學習的欲望。「反正我是智能障礙生，不是很聰明，讀書對我來說太難了……」，很多內在負面聲音嘲笑小小年紀的他。他放棄書本，不再閱讀；將渾身的精力投入運動中，渾渾噩噩一天過一天。直到14歲那年，生命貴人走進他的生命當中。

14歲那年，他想輟學，到加州學衝浪。幸運是他有一對父母，允許他離開家，去尋找所謂衝浪的夢想。在他衝浪夢想之旅，一位60歲的流浪漢，告訴他：

「一定要學習閱讀。這世界只有智慧與愛是別人搶不走的。」

這位流浪漢是美國大財主，在一位親友去世後，他想體驗流浪街頭感受，所以他當了流浪漢。「喔！閱讀很重要，讀書可以增加智慧。我是不是應該把高中讀完，進而升大學……」。流浪漢的一番話，令他思考著閱讀的力量，與自己未來的可能性。流浪漢的智慧言語深刻影響在這位14歲的年輕人。

在17歲那年，他還是覺得很徬徨，繼續進行衝浪夢想之旅。無意中參加了生命的課程——「普遍法則」。約翰．迪馬提尼上了這個課後，發現自己正微妙感受自己的命運，心靈開始甦醒了。課程結束後，他單獨去找上課老師。告訴老師，他從小就被判定智能不足，有閱讀障礙。這位智慧老師聽完他的敘述故事後，贈送他一句話：

「我是天才，而且我將展現我的智慧。」每天複誦這句話，直到你身體細胞完全接受到這個訊息。

這句話啟迪了他的心，覆蓋在智能不足的記憶層上。對自己信心慢慢增加了。

在他遇見這兩位精神導師與生命貴人後，約翰．迪馬提尼結束衝浪夢想之旅，回家鄉讀大學，因為閱讀能夠帶來智慧。在他讀大學期間，因學習成績優異，成為同學中

微積分的小老師。他大學的成績表現已經逆轉當初國小老師的論定，他是聰明的大學生。

「相信自己是天才，你可以做你想做的事；你將展現自己的智慧在自己專業技能上。」思維的力量如此偉大，加上約翰・迪馬提尼的積極行動，後來當了被人尊敬推崇的整脊醫師。他從事整脊工作，內心充沛自己是天才整脊醫師的信念，自己是這方面的專家。他的外表看起來多麼專業，沒有人懷疑他的專業水準，因爲他的患者都完美被醫治了。有誰知道他曾是閱讀學習障礙特殊班的學生？

約翰・迪馬提尼花了29年時間致力研究生命的普遍原則，他發現宇宙間正負的法則。約翰・迪馬提尼提出他的看法：每個負面事件，你都能用正面能量去平衡它。每個人都有美夢成眞的權利，不管別人如何論斷你，你就要相信自己有無比的潛力，告訴自己：「我是天才，而且我將展現我的智慧。」他的「突破自我」演講幫助成千上萬的人，同時他也是一位出版40本以上書籍的大作家。

親愛朋友，一位從小被老師判定智能不足的人，卻能夠突破自我，成爲國際級的演說家與作家。他做得到，你也可以做得到。你要相信自己是某方面的天才，可以像約翰.迪馬提尼如此實現夢想。不管從前多少人貶低你，或失戀或失業或考試名落孫山等負面事情，根據約翰・迪馬提尼的「正負的法則」，正視負面事件，以正面事件加以平衡，現在傷的越重，將來爬得更高；感激負面事件，帶給你更深層的生命意義。

以此小詩爲本文祝福閱讀本文的你：你是世界天才，將展現無限的智慧。

〈世界的天才〉

小草被人貶低時
告訴自己：
我是天才，將展現偉大

小花被人踐踏時
告訴自己：
我是天才，將展現芬芳

整個世界在呼喊
需花草美
你是天才，將展現創造

生命影響生命
——連加恩

你的生命，是一份美麗的禮物。

——連加恩

生命影響生命。生命的影響力是很長很長，四代以上，十代以上。如芥菜種子，起初微小，終成大樹，造福後代。本文以連加恩加故事來詮釋「生命影響生命」。

馬偕博士來北台灣淡水傳教30年。他傳講「耶穌來了，是要使叫人得生命，並且得的更豐盛」。（約翰福音10：10）他影響著連加恩的曾祖母受洗成爲基督徒。連加恩的曾祖父吸食鴉片，棄家不顧；曾祖母只好帶著祖父到淡水，在工作中接觸基督教，成爲第一代基督徒。基督信仰就從曾祖母—祖父—爸爸—連加恩，連加恩是第四代基督徒。馬偕博士雖在台灣只有30年，影響力是如此厚愛，連加恩接棒繼續散播影響力。

從小連加恩在牙醫爸爸是教會服事核心人物與要正面思考，說好話的媽媽栽培下，連加恩就在這樣濃厚「人生要爲有需要人群而活」成長。他從爸媽身教言教下，在當學生時候，會利用寒暑假時候，參與偏鄉的服務。

連加恩以成績優異考上陽明大學的醫學系。他平日接受學校醫生養成課程訓練，同樣利用寒暑假或長假做服務與傳福音事工。在澎湖傳福音時，有一位**阿兵哥用他教的「耶穌救我」趕走半夜執崗遇見的鬼**，非常驚奇「耶穌救我」的拯救力量。幾年後，特別親自謝謝連加恩。

因爲神是愛，人與人間要互相關懷，互相幫助。連加恩在一次學生服務事工裡，感受在場的學生，很多人心裡感到孤單脆弱；所以他在那天特別以此爲出發點，透過服務隊同工一一關心在場學生，爲他們禱告，沒想到其中一個女生分享，她內心很孤單，想死。但那場溫暖關懷，也溫暖那位女同學孤單心，取消想死念頭。

當時20歲的他，將基督信仰傳給跟他一起偏鄉服務的清秀女生高麗婷，後來成爲女友，8年後結婚，麗婷成爲他一生左右手，最佳支持者。他與太太按照聖經教導：生養衆多治理地面，不怕明天，不擔憂未來，所以他們有4個孩子（3個兒子，1個女兒），美好生命禮物再度傳承下去。

翁景民是台大教授，以他生命影響生命。他除了認眞教學外，他愛學生，關心清寒的學生，並注重學生的心靈成長，要將福音傳給學生。翁景民教授最大心願：**要讓10萬個靈魂聽到福音**。沒想到愛主愛學生翁景民教授英年早逝（1959–2002），他的遺憾透過同校張文亮教授告知連加恩，連加恩有感於翁老師愛主的心志，就把翁老師的使命——給我十萬個靈魂，成為自己一生的使命。

要走向人群，去服務他們的需要。這就是連加恩的服務觀。在2001年，25歲的他不像同學在國內當兵，他選擇同學未曾走過的路，前往中華民國前友邦——布吉納法索，服第一屆「外交替代役」。布吉納法索是個高達攝氏45度地方，愛滋病與貧窮孳生很落後地方；在那裡服外交役，顯然辛苦萬分。他除了在當地為村民看病外，發現當地垃圾滿天，就舉辦「撿垃圾換舊衣活動」。從台灣募捐舊衣深受當地喜愛，因這樣成功的活動，當地垃圾不再滿天飛，環境乾淨清潔多了。

辦學校是生命影響生命的方式。連加恩發現布吉納法索當地孤兒非常多，所以他興起辦孤兒院的強烈念頭。他年紀很輕沒有經費，就向台灣教會尋求支援，後來得到教會支持，真的辦了孤兒院，讓那些失去雙親或單親孤兒有了家的照顧，不再無依靠死去。這個孤兒院，後來在教會愛心與有心人士資金奉獻下，創辦「明霖小學」，讓那些弱勢的孩子有受教育改變命運的機會。

如今十多年過了，在明霖小學受教育的學生，有的當老師，有的有很好工作。繼續種下美好生命種子，生命是一份美麗禮物；雖出身貧窮，只要透過自身努力，這份生命禮物依然富足尊貴。

連加恩做他同學未做過的事；吃他同學未吃的苦；在那裡，吃苦3年多日子，一顆愛人的信仰讓他克服很多問題，諸如建築商的偷工減料，官員百般刁難等，他因這些困難，心靈成長迅速，不再如一直在處在優渥台灣的同學，他的能力、處世與溝通因問題難度更幾何增加，出國服外交役的連加恩，眼界更寬了，因非洲貧童，寬容憐憫心滋長，他的生命更加成熟與恢弘。

當地孤兒因他到來，本來黯淡如小草飄搖，隨時枯萎，不但活下來如小樹在師長愛中，生機昂然成長，**現在很多孤兒成大樹，成了國家棟樑**。這所學校仍存在著，還繼續栽培當地幼苗，學校散播「生命是一份美麗禮物」的種子，學生都沐浴眞善美的光中學習。連加恩的生命影響力，因創辦學校，如一抹希望光芒照亮那個非洲貧困角落。

不斷學習挺身而進，讓自己生命更加卓越，會帶來更大影響力。2018年，連加恩在41歲時，帶著太太與4個孩子到哈佛大學讀公共衛生博士學位。以這樣高齡與全家六口到哈佛讀書，算是鳳毛麟角少數之一。他選擇「難一點路」給自己挑戰，要激發自己更多潛能，要學哈佛頂尖學校的知識優勢，接觸更多人群，將自己使命，贏得10萬個靈魂實現。

唯有自己夠世界夠卓越，所說的話有更多的信賴度，世界級專業更能服務更多群衆，其影響力才會更寬更大更遠。連加恩這樣想，終身學習是他主要信念。他在2019年被邀請對台大畢業生說勉勵話語。他對台大學生說，**要選難一點路，激發自己茁壯進步；要多走一哩路，學會付出與堅持；要終身不斷學習，讓自己生命更向上昇華，充滿**

影響力。

那邊有需要，就是連加恩工作重要選項。本來連加恩在哈佛大學公共衛生博士畢業，他的研究項目是疫苗。他要留在美國工作，公司也簽約決定了。後來聽了印尼牧者一些話語與自己的思考，台灣——自己國家，應該很需要疫苗的研發。疫苗研發就是他的專業。當他這樣思考，當時的台灣疫情控制良好，是標竿國家。連加恩拿到哈佛博士學位沒多久，在2020年8月回台進行「新冠病毒的研發」。

出乎意料外，在2021年的5月份，台灣新冠肺炎疫情爆發警戒3級，急需疫苗的供應。連加恩的專業可以爲自己國家貢獻所學。連加恩眞的很棒，心中有愛。台灣充滿像連加恩醫護人員，在爲打敗新冠肺炎努力，向台灣醫護人員致敬。

連加恩說：「你的生命，是一份美麗的禮物」。每個人的生命在地球上，帶給自己與人間是一份好禮物。

好信仰帶來好生命，好生命帶來是好影響力。不論你什麼身分地位職業，只要在你的位置全力以赴，辛苦別人無法辛苦，勇於跨越安全區，走向有需要人群服務，你的無限可能的影響力將是世世代代。

祝福你，你是有生命影響力的。

2021/06/11

爲夢想點火的人
——劉倬宇

我鼓勵青年學生找到自己熱血沸騰的夢想，訂下堅信的大目標，點燃做事的熱情，打開生命的格局。

——劉倬宇

劉倬宇是台灣人，目前的職業是美國休士頓與科學教育協會（HASSE）共同創辦人與執行董事。劉倬宇從2004年創辦的「HASSE太空學校」，已經激勵了來自不同國家上萬名的年輕人。

劉倬宇認爲：眞正夢想會感動自己也會感動別人；他希望透過他創辦的太空學校，爲追求夢想的年輕人點把火，讓這些心中有夢的年輕學生，拿著夢想的火把照亮自己的人生之路，成爲一位發光的人，照亮自己也照亮世界。

「不要停止學習的熱情，不要停止你對世界的好奇心。」戴森豪森博士，太空科學家說。學習與好奇心就是追求夢想兩大元素。爲什麼劉倬宇選擇當爲夢想點火的人呢？

他從小跟著要讀博士學位的爸爸一起出國，分別在法國與英國共同住了七年。在國中時，回到台灣接受國中教育。在國外7年當中，他是外國老師眼中數學奇才，同時也是參加美術比賽的首獎，獲得地方記者訪問的小學生。在英法兩國的「適性教育」下，「要擴張你帳幕之地，張大你居所的幔子，不要限止。」（以賽亞書54：2）他在因材施教下，發揮他的天分，他找到自信、好奇心與想像力。

當他從國外回來時接受國中教育，他的學校生涯，使他有了「從天堂到地獄」般的洗禮。在國中，劉倬宇，從外國老師心目中的「數學奇才」，變成台灣老師眼中的「數學笨蛋」；雖然代表學校參加北市英文演講第一名，卻因考歷史太爛了，被歷史老師處罰：在女生班罰站著，以激勵他上進。

劉倬宇在國中到高中6年當中，對台灣的考試領導教學體制下，心中有很大很深的感觸，他說：

「**用分數區別學生，品格成空談。**考試成績好的同學，即使不守規矩，老師依然睜一隻眼閉一隻眼；相反地，只要學生成績差，經常被全盤否定。我心裡不禁疑惑：『品格不就是教育最重要的部分嗎？』」

揮別慘痛黯淡的國高中6年分數教育的經驗後，當劉倬宇考上政治大學外交系，積極參與課外活動。他把握任

何國外交流的機會，接觸來自不同國家的學生。「世界就是我的教室」，在日本、香港都讓他收穫滿滿，打開他的視野。他過了非常精彩開闊充實的大學4年，有國外的交流的機會，他成爲擁抱世界的夢想家；他的生命最好部分被激發出來，他站在世界的舞台上，看好自己的未來。

他鼓勵青年學生，有任何國外交流的機會（如當交換學生）都要好好把握，因爲那是一個開拓眼界的好機會，同時啟迪自己的潛能；因爲不同的國家的文化，會激起自己智慧的火花，他個人就是最好的例子。因爲有國外的交流學習機會，他改變了他從小的夢想：外交官；他要成爲一位夢想教育家；所以他創辦太空學校，要啟發學生，鼓勵每個人「超越自己，創造不凡」。**正如愛爾蘭詩人葉慈說：「教育不是灌注一桶水，而是點燃一把火」。**

劉倬宇——這位夢想點火的教育家說：

「**熱情是需要點燃的；夢想是可以實現的！**我鼓勵青年學生找到自己熱血沸騰的夢想，訂下堅信的大目標，點燃做事的熱情，打開生命的格局，不斷自我突破，並且堅持下去直到實現自我。」

祝福你打開生命格局，因夢想而偉大。

我一直都在，不曾離開
——王政忠老師

對於偏鄉弱勢的孩子而言，學校老師可以給他們希望的勾勒，一個翻身的開端，一個改變的可能。

——王政忠老師

「最後，我想回答那兩個，我已經忘記姓名忘記臉孔的孩子，抱著我邊哭邊問的問題：

『老師，你會不會回來？』

『會的，我會的。我一直都在，不曾離開。』」

——《老師，你會不會回來》

當王政忠，高雄師大國文系畢業，分發到南投非常偏鄉的爽文國中實習。那是鳥不生蛋，資源非常缺乏地方。當他到這偏鄉實習的第一天，就下定決心要像以往老師實習完畢一年，就趕緊離開這個「鳥地方，鳥學校，鳥學生」的爛國中，調往繁華熱鬧的都市國中任教。

在1999年，台灣發生九二一大地震，南投是受創最嚴重的縣市。王政忠已經當兵回來，心中是嚮往到城市教書的。但對於曾經實習的爽文國中，他還是很有感情的。在九二一大地震後，他回這個鳥不生蛋，南投最窮地方看看走走。當他走在南投的滿目瘡痍，四處倒塌的房子，他流淚了。他回想著自己成長的歷程：

一位嗜賭成性不負責任的父親，家裡總是入不敷出，很困頓缺乏。他讀台南一中必須打工賺生活費與學費。高中3年，他在學校圖書館擔任工讀生，加上課業繁重，每天睡眠不足；大學聯考前才辭掉滷味攤工作。他重考大學那一年，租1000元的儲藏室地方，小窗蝸居；坐在蝸居地方，頭頂著天花板，度過重考一年。

重考日子是很辛苦的，他意志堅定，勉勵自己一定要有出頭天的機會。他下定決心：一定要考上師範大學（因家裡經濟，當時師範大學免費）。當你深深相信要出頭，且努力做它，整個宇宙天使都會下凡來幫助。日夜不懈怠讀書，一年後，他如願考上高雄師範大學國文系。

在大學4年，每個禮拜至少4個晚上，每個晚上3個小時家教的行程來賺生活費與寄錢回家。常常在黃昏，身心很疲累時，我問我自己：「要怎樣才能解脫這麼龐大的生存與生活的壓力？」終於終於4年過了，我熬畢業了，現在我可以如願當老師賺錢，幫忙媽媽撐起家庭經濟重擔。

我也是如爽文國中學生，來自弱勢家庭。幸運地，我在求學過程中，遇到好老師鼓勵，才有今天——讀到高雄師大畢業。現在921大地震後，這些弱勢家庭更加弱勢，孩子的教學資源更加減少了；爲什麼一樣來自弱勢困頓的我，爲什麼要離開他們，不想辦法伸出手，拉他們一把？這些弱勢孩子正需要老師給他們希望的未來啊……。

巴西作家保羅・科爾賀說：「**你流淚的地方，那就是我所在的地方**，也正是你的寶藏被埋葬的地方。」我回想自己成長艱辛困頓過往，流淚了；我想到南投爽文國中那些弱勢孩子，無人拉他們一把，流淚了。在我流淚地方，我決定要留在偏鄉教書，撒希望種子在這些孩子心田處，有天會開希望花朵，如朵朵向日葵笑得燦爛，在陽光下迎向金黃閃亮的未來。

聖經云：「愛，能遮掩一切過錯。」（箴言10：12）當王政忠老師將自私的想法完全拋棄，等於埋葬自私；將人性的愛發揚出來，以愛來愛他的學生，使他的學生忘記自己的短處，慢慢學習進步。他留在爽文國中已經超過11年了。

王政忠老師在這11年所做就是想盡辦法讓學生上多元智慧課程，諸如國文閱讀／英文檢定／隔宿露營／陶藝／美術課／足球課／音樂課／鄉土教學。他要讓偏鄉孩子有機會上各樣多元課程，啟迪他們的多元智慧，並奠定他們考上理想高中職的課業基礎。

華勒思・華斯特（Wallacc Wattles）（美國心靈作家）說：「用傑出的方式做好每一件事情。**你必須把偉大的心靈的全部力量投注到每一件事情，不管是多麼平凡或微不足道的事情。**」這正是王政忠對於教師任務態度，他以全部力量在他的努力經營——學校的希望工程；一天又一天；一年又一年建造；11年過了，爽中學生紛紛考上第一志願，有的讀到大學；有的出國比賽；有的學生選擇當老師；11年後，爽文國中的老師與學生都很驕傲地說，來自爽文國中。

王政忠老師，在他所寫的書《老師，你會不會回來》說：

「對於偏鄉弱勢的孩子而言，學校老師可以給他們希望的勾勒，一個翻身的開端，一個改變的可能。**是我選擇成爲一個老師；所以我選擇留下來，留在爽文。所以，我必須是位超人，我沒有無敵的披風；我只有一個法寶，那叫『教育』**。而且，我不會讓學生等待，我會讓學生都知道——我一直都在。」

我個人閱讀他《老師，你會不會回來》，對於他願意選擇偏鄉服務，並亮麗翻轉偏鄉小孩的未來；內心無比地觸動，就寫一首詩歌：

〈老師，你一直都在〉

老師，你一直都在
就像希望的春風
吹拂低垂小草小花
溫柔鼓舞

老師，你一直都在
就像希望的陽光
照亮陰暗小草小花
甘願燃燒

老師，是堅強翅膀
我們才可以飛翔
老師，是無敵超人
翻轉未來

老師，你一直都在
春風吹拂
老師，你一直都在
陽光大地

智慧使我比珍珠更美麗——伊莎貝拉．羅塞里尼

自立自強就是我的最好保養品。

——伊莎貝拉

我叫伊莎貝拉．羅塞里尼（Isabella Rossellini），母親是獲奧斯卡獎女星英格麗．褒曼，父親是義大利知名導演。我在三十歲前，是位精通三種語言的女記者。很幸運地，我在三十歲那年，在眾佳麗中脫穎而出，成了知名化妝品蘭蔻的代言人。

我在代言14年中，成了活躍備受歡迎的大明星。美國好萊塢形容我伊莎貝拉是：

「人們眼裡絕對的性感女人；是一隻美麗的鳳凰，散發迷人的風采。」

我以爲幸福永遠屬於我的；美麗永遠屬於我的；珍珠般榮耀永遠屬於我。我生活一片幸福美麗與光鮮，是一般平民女性羨慕的對象。我美麗富有，選擇結婚，有孩子，

一個避風港的家。這樣「珍珠般的閃亮生活」，在我44歲那年，被刮了極深的傷痕，瞬間失去了所有。

在我44歲那年，是厄運的一年：蘭蔻以我年紀大了與我解約；更糟糕是，我失去工作，回家門不久後；先生與我解除婚姻關係，這雙重打擊使我頓失活躍舞台與生活重心，從雲端跌下來，心茫茫然；美麗臉龐印著多少長夜裡的淚痕，這世界對我太不公平了。

由於一對年幼兒女需要我扶養，我知道爲母則強；我不能被打敗；我必須擦乾眼淚，堅強站起來，成了孩子的靠山。我告訴自己：「眞正美麗，就要像蚌被入侵無所畏懼，反而內在分泌，包裹異物；勇敢堅持下來，誕生珍珠。」既然失去代言工作，我就要走其他的路，求生存活下去。我開始思索我在44歲後的人生，要如何自力更生，給我的孩子有富足的生活。

跌破衆人眼鏡，我跑去租二十八英畝的農地，當一位鄉村農婦，來養活自己與孩子。幾度花開花落，多少春夏秋冬轉眼過，我養雞養狗種菜放牛羊，樣樣來，樣樣精通。我認識各樣植物與動物，爲了讓自己對動物與植物更加深入了解，我再進入學校修碩士學位。學習讓我每天在成長，內在有力量。

我迎接太陽起床，在農地耕種；日落回家煮晚餐做事，我與孩子一起享用晚餐；孩子成長在在這片開闊農地裡；健康快樂活潑，他們有溫暖的住家；我內心很滿足看著自己眼前所擁有一切。我成爲有知識有愛心的勤奮農婦，邀請附近小朋友到我的農場作客；將有機食物運送到紐約都市；在大地萬物生機盎然陶冶下，每一天都是忙碌踏實。我不再年輕了，但內在美麗如珍珠般，一天比一天光彩閃耀。

時間在青翠農地與雞鴨活潑生命中，一日一日往前過，一年過一年，算來當農婦已經二十年，我（伊莎貝拉）追求知識，追求腳踏實地的生活；我以有機農作物服務大家的胃口；我愛著我的孩子，同時也愛其他的孩子。我是農婦，是養雞達人，擁有動物行爲碩士學位。我的所有一切是珍珠的精神，還有我的「自信、開心、充滿活力」在朋友間流傳。朋友常說我現在的我，是智慧的美麗，稱呼我是「智慧美麗的女人」。

我不斷告訴我的朋友我的體悟：「自立自強就是我的最好保養品。」女性應該追求勇敢堅強站立的智慧。

回首這二十年農婦生涯，我有滿懷感觸：「女性的自立是生命最美個性，以這樣方式讓我們經歷生命的好與壞，同時將厄運如珍珠包容，慢慢轉化成美德光芒。」

六十四歲的那年，我的生命之書又有新的一頁，蘭蔻公司再度找上我，爲公司代言品牌。**理由是現代女性在任何階段都追求美麗，美麗不再只是年輕人的專屬品。**

六十五歲的我，從純樸農莊再度走向繁華鎂光燈下，成了蘭蔻的代言人。我的信念：「寧得知識，勝過黃金；因為智慧比珍珠更美。」（箴言8：10~11）在生命舞台上，我代言是「智慧比珍珠更美」的品牌，希望這個品牌也屬於你的美麗人生的品牌。

人生要無懼才能無悔
——歐普拉

沒有人能定義你的人生，除了你自己。

——歐普拉

「我是黑人，更糟糕我出身貧窮，我母親是位幫人打掃的傭人，家裡很貧窮，連電視都沒有。我在白人社會是受歧視，不受尊重。在14歲前我遭到性虐待，14歲的我意外懷孕。日子對我來說沒有盼望，反而是羞恥，心裡頭如黑皮膚般，陰暗無比。」

「我應該躲在陰暗角落自卑自憐，唉聲嘆氣過日子；也如媽媽去幫傭。但是有一日，**我告訴自己，我要進取，改變自己命運，我努力讀書**，凡可以讓我成長的事物，我都要去學習；只有這樣才可以讓我在白人社會平起平坐，甚至脫穎而出。就是憑著這股頑強無所畏懼，我才甩掉14歲前悲慘命運；黑人只要進取向上，仍然有一片亮麗的天空。我告訴自己要勇敢，去改變眼前的難堪處境。我就是憑著這股勇敢與對自己的信心一直自我突破，突破自己，同時也突破命運；我終於在白人社會發光發熱，成為黑人的驕傲。」

以上敍述是歐普拉，這位媒體脫口秀節目主持人回答訪問她的人。

歐普拉是美國有名影視主持人，日前獲得今年（2018）的全球獎終身成就獎。她出生在窮困的黑人家庭，她的母親是未婚生子的少女；她自己本身多年遭性虐待，前途一片烏黑。生來就是黑人的她，黑人在美國是被歧視的，她卻認為「皮膚的黑」無法定義自己；她就是不要卑微活在貧窮的角落，失去對自己的信心。她憑自身的努力，高中以優異成績畢業獲得獎學金讀大學機會。但她沒等大學畢業，就決定要往記者影視行業發展。

她黑人的背景，被炒魷魚被排擠是她的深刻流淚的常有經驗。她投降了嗎？她回家吃自己嗎？她放棄夢想嗎？歐普拉說：

「**每次當你向恐懼屈服，你便會失去力量**，而恐懼吸收了你的力量，變得更強大。這就是為什麼不論眼前的路看起來多難走，**你都必須督促自己超越焦慮，繼續往前走**。」

歐普拉要繼續往前追夢。即使丟了新聞主播飯碗，她還爭取演出史蒂芬・史匹柏所拍的《紫色姊妹花》，還為

此減肥。歐普拉的人生觀：**「人生要無懼，才能無悔」**。勇敢爭取演出是不是也要以「自信」爲後盾？沒錯，這位勇敢的女性爭取到演出機會，透過電影的播放，她被大衆認識了。由於她的知名度夠，所以有了主持美國「脫口秀節目」，初試啼聲，一鳴驚人，成了收視率的保證。這一主持成了美國有號召力脫口秀節目，無數有名的大人物以上她脫口秀節目，感到驕傲。她因這個脫口秀的節目，成爲家喻戶曉的富婆，是當今黑人的成功故事——「麻雀變鳳凰」的勵志教材。

歐普拉以自信定義自己人生，突破階級種族的藩籬，打下自己的媒體美麗江山，成爲美國有影響力的女性。她常告訴年輕人：「沒有人能定義你的人生，除了你自己。」最後以小詩祝福讀者：人生因無懼，成了美麗天鵝。

〈人生無懼才無悔〉

勇敢走向成功，恐懼走向失敗
我是黑暗中小花，要去尋找我的光采

恐懼是高山，我雙腳發抖但仍向上爬
恐懼是深海，我臉色發白但仍要冒險

世界啊，我回首過往，我說
人生無懼才無悔，平庸小鴨成了天鵝

爲台灣而教
——劉安婷

改變是一輩子的承諾；教育是一世代的使命。

——劉安婷

劉安婷，台中女中畢業後，獲得全額獎學金，遠赴美國的普林斯頓大學就讀。她在普林斯頓大學四年中，暑假勇赴非洲的迦納當老師抵學校學分；染上非洲的眞正顏色。她因修法語課，另一個暑假到法國巴黎體驗美國文豪海明威的「如果你夠幸運，在年輕時待過巴黎，那麼巴黎將永遠跟著你，因爲巴黎是一席流動的饗宴」。

劉安婷在4年中暑假，還到海地這個國家體驗「一無所有的富足」；日內瓦中「舒適圈中的不舒適」；最讓她留下最深刻暑假經驗是在監獄教書。劉安婷在監獄教學2個月中，**她體會到：再棒的理論、經驗與工具都無法勝過「愛與榜樣」這樣的核心價值。**

「我是不是瘋了，我要把我的未來丟到水溝嗎？」

當我想要做一個人生重要決定：要不要放棄美國高薪的工作，回台灣爲下一代教育努力時，我問我自己。但我思考著：

「最近，對於上位者的失望、批評四起，但我們，做爲青年，也必須問自己：『如果有一天放在決策者的位置，我們可以做出更好的決定嗎？』這些上位者都是學校栽培，老師教育出來的。一個好的老師，用自己的生命影響一個個的學生；一世代的好老師，是「智慧必入你心，你的靈要以知識為美。」（箴言2：10），將眞理與知識傳承下去；好老師提了一盞明燈，來照亮孩子的人生道路，讓他們走在光明大道，這是神聖的使命。這神聖使命『到底，誰來做？』」

「到底，誰來做？」

大學4年的暑假教學之旅，我看見偏遠地方孩童的需要，那裡是需要好老師去教育這些孩子。我應該回台灣，捲起袖子，成爲改變的起點。美國的年輕人能夠創辦「爲美國而教」，那麼我也能夠，我也要回家創辦「爲台灣而教」，號召一批年輕人到偏遠地方當老師，撒下愛與希望的種子。偏遠地方的孩童最需要是知識與榜樣。我可以幫助非洲孩童讀書；我在國外可以到監獄教書；我當然更可以回到自己的國家，到最需要老師的偏鄉教書。

劉安婷看著窗外遠方思考未來，選擇回家，回台灣創辦「爲台灣而教」。這個選擇，是一去不回頭，要向年輕人嚮往的美國說BYE BYE，回到自己國家——台灣。回台灣，不是在繁華101大樓的東區工作，而是要號召一批對教育充滿熱情的年輕人，走進山區海邊，到很偏僻的地方教書。

她日夜思考自己的決定。當她把自己選擇告訴自己的爸爸與媽媽與外婆，沒想到篤信上帝的他們，居然同意自己的瘋狂的選擇。外婆說：「哇！乖孫，你眞棒，我好以你爲榮，你眞是國家未來的希望啊。」

劉安婷的決定獲得家人的支持後，她開始賣掉自己所開的車子，退掉自己所租的房子，準備成爲台灣教育改變的起點。她告訴跟她一樣有教育熱情的年輕人說：

「改變是一輩子的承諾；教育是一世代的使命。我們想要改變的人、事、物這麼多；想要解決的問題這麼大，但，我們最需要，也最可以改變的是屬於我們的世代。」（出自《出走，是爲了回家》）

劉安婷決定改變屬於我們世代。當她成立「爲台灣而教」，果眞有一批年輕人跟隨她的路，紛紛放棄繁華都市生活，投入偏鄉的教學工作。台灣的偏鄉的孩童囚這一批年輕老師的投入，希望笑聲響遍綠野，連孩童的家長也感染到自己孩子未來不是困苦，是閃亮的翻身。

「你是偏鄉的美麗希望，也是台灣美麗的希望。」

一位花蓮偏鄉的婆婆如此形容劉安婷。

從2012年開始「為台灣而教」，至今2021年，劉安婷依然走在教育偏鄉的路。她成為一位播下希望種子於偏鄉孩童的心靈的發起者，她的勇氣與對教育的愛，感動寫本文的筆者。對於曾經當過小學老師到偏鄉教書，一年後就調到都市的我，帶來很深的懺悔與反省。

劉安婷的創辦「為台灣而教」，這股讓「自己成為改變起點」的精神，所影響如美國歷史學家亨利．亞當斯（H. Adams）說：「**教師的影響無止盡，他永遠不知道這影響力遠至何處。**」美好影響力帶給人是人心的反省與希望的散播，如花種子散播是無邊無涯的，在某個地方開花結果；多少世代人走過，感動這片花朵美麗，重燃對生命的熱情。

欣賞「為台灣而教」的劉安婷，寫下小詩：

〈教室外的春天〉

生命之意義無它
在山之邊海之涯的校園裡
種下美麗希望在孩童心田
每個人是閃耀寶貝

被擁抱被愛著

挫折，從來就在成長路上
焦慮，一直都要努力克服

教育之道理無它
以自己成為一條榜樣的路
當陽光照進純真臉龐教室裡
春風笑容帶領孩童
吹向無限可能

舉出奧運金牌一片天
——郭婞淳

我舉重是責任，用雙臂撐起整個家。我撐的不是重量，是夢想，是家庭。

——郭婞淳

一個人的成功不在顯赫的家世背景與高人一等的身材；其成功在於自己對夢想的熱愛與恆毅力，在重重的考驗下，舉出夢想一片燦爛天空。

郭婞淳是舉重的奇女子，今年（2021年）東京奧運，在各國強烈競爭下，她舉重若輕，很亮麗爲台灣舉出東京奧運第一面金牌。太振奮人心，太戲劇精彩的一幕！台灣人透過轉播，看見郭婞淳站在第一名的頒獎台上，感受莫名榮耀的興奮喜悅。哇！台灣的第一面金牌耶，謝謝郭婞淳的金牌，讓全世界看見台灣。

郭婞淳，一位堅忍不拔的運動員。她，這十多年全力以赴，日日努力在舉重上練習；一路度過嚴重運動比賽意外，堅持不退出比賽，就是等待身體復原後迎戰，直到在奧運摘金。郭婞淳一路走來的運動生涯書寫一個成功道理：只有放棄，才是眞正輸家。

這位來自台東的女子，今年28歲（1993出生）郭婞淳說：

「**謝謝自己擅長體育，可以專注在練習上，也不會覺得家裡困苦。**謝謝自己戰勝自己低潮期，從不放棄夢想；謝謝自己自我要求：好還要更好。」

正因郭婞淳的堅持與自我要求，舉出最金黃的榮耀一刻，成了家族之光，台灣之光，更是世界之光。

奧運4年一次比賽如人生追夢的歷程的縮影。我們來探究郭婞淳爲什麼如此成功，成功爲台灣拿到東京奧運第一面金牌？其成功祕密，分析如下：

不抱怨出生的困苦環境，化抱怨爲奮鬥

多少人把自己不能成功都歸咎自己出生貧窮，因爲自己沒有長輩的援助，所以才一事無成。抱怨多了，看這個世界，都覺得全世界都對不起他，父母對不起他，學校對不起他；完全在唉聲嘆氣中一日度過一日，總想有一天中了彩券來翻轉命運。除此之外，從不想自己起身奮鬥來改變命運。

郭婞淳從不抱怨自己困苦的環境。困苦的環境成了她奮鬥的原動力，希望透過自己的努力來幫助家庭的經濟。郭婞淳來自單親家庭。從她出生到長大，都沒有見過親生的父親。由於媽媽要賺錢養家，將她交給外婆照顧。

台東是台灣相對貧窮謀生不易的地方，郭婞淳來自台東阿美族，阿美族是母系社會，長女如漢人的長子，所以在阿美族部落，阿美族女性很堅強很勇敢爲家打拼。外婆與媽媽都是這樣的女性，郭婞淳的血液同樣流阿美族母系社會女性對抗惡劣環境的堅韌細胞。她與外婆都在經濟缺乏度過，因繳不起房貸，房子被法拍，被迫搬家。她曾住過工寮，曾跟親戚好多小孩睡在一起，生活在一起。出生清寒的背景沒有使郭婞淳心頭抹上陰影，從不跟媽媽與外婆埋怨：

「爲什麼我沒有爸爸？爲什麼我要出生在這樣困苦的家庭？」

郭婞淳抱怨的話一句都不說，她總是露出燦爛的陽光笑容，面對出生相對弱勢的現實，更投入她喜愛的運動裡。

運動是她擅長的，不論在藍球，田徑，或舉重，她投入全部心力練習。「只有投入在自己的最愛，爲它認眞付出，由於我的認眞與專注，足可以讓我忘記家境清寒這件事，運動比賽獲得獎牌榮耀喜悅，讓自己在同學面前抬起頭來。」她如此說。

當郭婞淳接受教練的勸說，從田徑轉到有天分的舉重項目。當郭婞淳做了最正確的選擇，走自己擅長的舉重；

果然在台灣，或亞運上都拿到獎牌。「其實每次舉重成功，就是要舉出家庭的榮耀，付出百忍堅持奮鬥的動力，就是要改變困苦命運，給愛我的外婆，媽媽有豐足生活且還可以幫助需要幫助的人。」她心裡總是這樣勉勵自己。

「我舉重是責任，用雙臂撐起整個家。我撐的不是重量，是夢想，是家庭。」不抱怨現實環境低微，以滿滿向上正能量的郭婞淳在每天中，有苦說不出的練習著，「累不死，獎牌就是我。」郭婞淳說。

郭婞淳抱怨話語從不出口，所說的是金蘋果言語：我會舉起窮困環境的重量，向上天證明我的無限得勝能力。教練與親友看見郭婞淳的圓夢決心，這樣認真且堅定態度，帶來一起往前的力量。

每次看見郭婞淳出現在大家面前，那股陽光樂觀的能量，彷彿告訴那些出生窮苦的孩子：我可以做到，你也可以做到。

戰勝自己，挺過嚴重受傷低潮期

多少人面對失敗或意外打擊就萌發退意，從此就放棄自己熱愛，過平庸的生命。郭婞淳在2014年亞運的比賽現場，不知那兒出了差錯，說得遲那時快，舉重的141公斤槓鈴重重滑落，當場重重壓過她的右大腿，造成肌肉70%斷裂。這樣巨痛使郭婞淳躺在地上大哭，這樣嚴重傷勢，

連教練想，郭婞淳可能要一輩子都不能出賽了。復健之路漫長且辛苦，在不能走路時，黑夜裡，天空如此漆黑，沒有光，如她黯淡的心情，恐懼自己不能復元，一輩子完了，想到這樣，一向樂觀的郭婞淳忍不住掉下淚，「為什麼要有如此大意外？」

偷偷哭了好幾個夜晚後，「你在患難之日若膽怯，你的力量就微小」（聖經語）。郭婞淳抹去眼淚，決定要戰勝自己的擔憂與害怕，她相信自己的右腿一定會復元，一定可以再度出賽。「我要復原健康參加比賽，為家族舉出夢想。」郭婞淳的眼睛看著自己受傷的右腳，閃耀信心光芒說著。

當郭婞淳有得勝思維後，就很認真配合醫療團隊的復健，非常耐心做有利右腿康復的動作，即使痛或不舒服，郭婞淳充滿堅忍的意志力忍著，一切忍耐都是為了美好康復。

謝謝郭婞淳有一個很棒教練——林敬能，陪她度過這段沮喪復原期。為了排遣復健的苦悶，林敬能教練載她去學鋼琴，靜靜彈琴，讓鋼琴溫柔樂音療癒她受傷的右腿與心。林敬能教練同時鼓勵她多看勵志書籍。

她靜靜坐在輪椅上閱讀一本又一本勵志書籍，來鼓舞自己面對這場大意外。她閱讀一本《放聲笑吧，就像沒有受傷一樣》。這本故事書在敘述一個中國女舞者在一場地震後，雙腳被截肢，她放聲笑吧，裝上義肢，重新站在舞台表演。

「是的，我要放聲大笑。就像沒有受傷一樣。」

除了舉重，她沒有退路了。那就笑吧！以笑的樂觀來面對受傷並北上一周一次的醫生治療。耐心且確實跟著物理治療師做動作，其認眞復健態度贏得醫護人員的讚佩。就是因這一股不服輸的毅力幫助她右腿漸漸復原了。

在受傷一年後，某天，她練了7個小時；夜晚9點，所有人休息，認眞的郭婞淳還不肯休息，她要舉那挑戰的槓鈴。林敬能教練見到愛徒想在受傷復原後證明自己的實力，他沒休息在旁爲郭婞淳打氣加油：「你可以的。」果然郭婞淳戰勝自己不安與設限，她在深深夜晚裡，舉出復原後的最重的重量，連天上星星爲她閃亮叫好。

別害怕低潮期。只有放聲大笑，坦然接受殘酷的事實，迎接它，克服它，經過這一番苦難的洗禮，你變得更強更優秀了。

恆毅力讓夢想開花結果實

拿奧運金牌是郭婞淳的夢想。獲奧運金牌可拿一千萬台幣獎賞，除了物質的獎賞可以讓往後生活有保障，最重要是爲獲得金牌背後的挑戰自我，戰勝環境惡劣的不服輸精神，這也是夢想家的精神。

從國三開始練習舉重，就從一次次比賽中脫穎而出，教練都看好郭婞淳的爆發力，一定可以在世界比賽大放異彩。參加各樣亞運比賽，都是暖身，最大夢想就是在奧運拿金牌。郭婞淳要拿奧運金牌總是「下次再來」，屢戰屢敗。2012年，19歲的郭婞淳參加奧運，成績是第八名。教練與母親都鼓勵她說：「我們下次再來。」2016年里約奧運，大家看好郭婞淳摘金，結果比賽成績不如預期，只摘銅牌。

「別放棄，下次再來」是一種恆毅力。不容易被失敗打倒郭婞淳，在林敬能教練一連串的「刻意練習」下，跳脫舒適圈，永遠維持改善狀態。小小一個改善，長期累積下來就是進步。郭婞淳不怕枯燥反覆練習，接受教練的點出問題的指導與自我監督；重覆又專注在舉重突破上，讓大腦與體力都站在郭婞淳這邊。《恆毅力》作者安琪拉．達克沃斯說：「人生各方面優秀都是刻意練習出來的。成功的關鍵，不在天賦與智商，而在熱情與努力。」

是的，郭婞淳有的是百分之百的熱情與努力。願意堅持爲奧運金牌做所有大大小小的努力，從枯燥練習中找到趣味性，以維持高昂的熱情。一直愛閱讀《原子習慣》的郭婞淳將作者詹姆斯一番話爲座右銘：

「讓成果永續的祕訣：
若不停止，就能打造非凡。
若不能停止打拼，就能打造非凡的事業。
若不停止訓練，就能打照非凡的體魄。
若不停止學習，就能打照非凡的學養。」

唯有不停止練習，才能成就卓越。爲了不停止練習，從17歲就開始到高雄左營國家訓練中心，曾經長達7年，一年才回台東老家一次。漫長艱辛忍耐做一模一樣的事——舉重，就是一種恆毅力，心中願意爲夢想——在奧運摘金不斷地練習，在教練得到回饋，再做修正，讓今天的自己比昨天的自己更進一步。「今天的自己比昨天自己更好，好還要更好」是郭婞淳心中的成功信念。

2017年的台灣台北世運比賽，郭婞淳不負衆望，榮獲金牌，還破世界紀錄。郭婞淳雖然獲得如此佳績，仍不停止練習就是等待奧運金牌榮光之刻。很可惜地，2020年東京奧運因新冠病毒病毒疫情延期。延期了，難掩失望，還是要繼續刻意練習，目標明確，曙光會在等待的合適時間出現。

終於2020年東京奧運延到2021年七月舉辦。等比賽甚久的郭婞淳，終於站在東京奧運比賽現場，全球多少雪亮眼睛在看這位身高155公分神女子，如何展現台上三秒鐘的舉重，台下練習超過10年的苦功。舉重如跳舞優美，郭婞淳優雅舉重，舉出金牌一片天，破了奧運紀錄。

郭婞淳終於成功在東京奧運摘金。郭婞淳驀然回首所來徑：

「自己從19歲參加奧運比賽到28歲在奧運摘金，其中曲曲折折，教練與媽媽的『沒關係，下次再來』聲音迴繞好多次；這次終於不用被安慰，被鼓勵，終於憑著不放棄的恆毅力成功站在榮耀的世界舞台上，接受大家喝采，我成為家族與國家的驕傲。」

想到這裡，郭婞淳笑了，燦爛笑容如陽光金雨，灑落在台灣各角落。

閱讀郭婞淳的奧運拿金牌的奮鬥故事，是不是感受一股滿滿生命正能量充沛在心中？若你心中還有什麼遺憾，還覺得很多地方很挫敗，或感嘆家庭環境不好，這都沒有關係，這世界本來就是很難公平；人生也難事事如意；但看看郭婞淳那種舉起所有現實考驗的勇氣與微笑面對受傷低潮，也許帶給你一些陽光向上的力量與思考。

聖經有一句話：「我呼求日子，你就應允我，鼓勵我，使我心裡有能力」，只要你有一顆想戰勝目前自己的困境的呼求，你已經與郭婞淳同國了，閃耀的未來等著你，創造自己好運。祝福你！

本書

獻給在天上的爸爸（蔣百）媽媽（蔣許玉荔）。

獻給在網路時代依然愛閱讀，將來會發光的你。

國家圖書館出版品預行編目資料

我照亮世界——42位發光人物／蔣馨著. --初版.--臺中市：白象文化事業有限公司，2023.8
面； 公分
ISBN 978-626-7253-68-7（平裝）
1.CST：世界傳記 2.CST：通俗作品
781 112001410

我照亮世界——42位發光人物

作　　者　蔣馨
校　　對　蔣馨
發 行 人　張輝潭
出版發行　白象文化事業有限公司
412台中市大里區科技路1號8樓之2（台中軟體園區）
出版專線：（04）2496-5995　傳真：（04）2496-9901
401台中市東區和平街228巷44號（經銷部）
購書專線：（04）2220-8589　傳真：（04）2220-8505
專案主編　林榮威
出版編印　林榮威、陳逸儒、黃麗穎、水邊、陳媁婷、李婕
設計創意　張禮南、何佳諠
經紀企劃　張輝潭、徐錦淳
經銷推廣　李莉吟、莊博亞、劉育姍、林政泓
行銷宣傳　黃姿虹、沈若瑜
營運管理　林金郎、曾千熏
印　　刷　基盛印刷工場
初版一刷　2023年8月
定　　價　320元